喂，你越界了！

心理边界设定指南

COMO MANDAR A LA MIERDA DE FORMA EDUCADA

［西］阿尔芭·卡达尔达 — 著
杨子莹 — 译

青岛出版集团 | 青岛出版社

CÓMO MANDAR A LA MIERDA DE FORMA EDUCADA
© 2023, Alba Cardalda
© 2023, Penguin Random House Grupo Editorial, S.A.U.
Travessera de Gràcia, 47-49. 08021 Barcelona
Infografías de Jorge Penny

山东省版权局著作权合同登记号：图字 15-2025-30

图书在版编目（CIP）数据

喂，你越界了！/（西）阿尔芭·卡达尔达著；杨子莹译. -- 青岛：青岛出版社，2025. -- ISBN 978-7-5736-3254-8

Ⅰ . C912.11-49

中国国家版本馆CIP数据核字第2025VQ6781号

		WEI NI YUEJIE LE
书　　名		喂，你越界了！
著　　者		［西］阿尔芭·卡达尔达
译　　者		杨子莹
出版发行		青岛出版社
社　　址		青岛市崂山区海尔路182号（266061）
本社网址		http://www.qdpub.com
邮购电话		0532-68068091
策划编辑		周鸿媛　王　宁
责任编辑		王　韵
装帧设计		今亮後聲 HOPESOUND　2580590616@qq.com
制　　版		青岛千叶枫创意设计有限公司
印　　刷		青岛乐喜力科技发展有限公司
出版日期		2025年5月第1版　2025年5月第1次印刷
开　　本		32开（889毫米×1194毫米）
印　　张		6.75
字　　数		140千
书　　号		ISBN 978-7-5736-3254-8
定　　价		49.00元

编校印装质量、盗版监督服务电话：4006532017　0532-68068050
印刷厂服务电话：15376702107

感谢茵迪陪伴我度过创作这本书的每一刻
感谢家人、朋友和同事们无条件的支持

序

  几年前，我曾住在玻利维亚的一个小镇，在那里的一家孤儿院做志愿者，担任孩子们的心理医生。除了完成本职工作外，每周我还需要开车进城一次，为孤儿院的人买好一周要吃的食物。有一次进城的时候，正好赶上下暴雨。采购完准备回镇上时，我发现每次回去时走的那条路被雨水冲断了，于是我不得不选择一条完全不熟悉的路。当时我手头没有地图，也没有导航，唯一的办法就是根据路标的提示一路向前。

  在雨中行驶了二十分钟后，我忽然意识到自己好像很久都没看到任何交通标志了：没有村庄标志，没有限速标志，没有十字交叉口标志，也没有距离某座城市还有多远的标志，马路上连标线都没有。前方的路根本不像公路，更像是一条没有尽头的跑道。

  突然，迎面有一辆汽车向我冲来。我惊慌失措，全身绷紧，双手紧紧握住方向盘，拼命向右打方向，努力不和它撞上。

我直到现在都不知道当时自己是怎么做到的，反正我们是错开了。

错开后，我在路边停下车，试图平复紧张的心情。与此同时，成千上万个问题涌入我的脑海：我开错方向了吗？是我开进了对向车道，还是对向的车开进了我在的车道？我该往哪儿开？还要开多久才能到达孤儿院？我最快能开到多少时速？……一个又一个问题将我团团围住。

一条没有路标的路和一段没有界限的关系是一样的：没有人知道什么是被允许的，什么是不被允许的；我们不知道该对对方有哪些期望，对方也不知道该对我们有哪些期望；彼此不知道对对方来说怎样做是对的，怎样做是错的；不知道彼此有没有尊重对方的私人空间；不知道彼此的责任是什么……这样看来，"事故"的发生几乎在所难免。

交通标志能帮助我们安全驾驶，而在人际关系中，界限也发挥着同样的作用。设定界限可以让他人了解我们的喜好和需求，从而减少矛盾和冲突。设定界限既有利于保护自己，也有利于保护一段关系。

然而，我们从小到大学到的关于界限的阐述并不是这样的。我们从小就被教育，设定界限是自私的表现，当一个人真正爱另一个人时，这种爱应该是无条件的。这些我们自幼就根植于心的观念，不仅是我们说话做事的准则，还是我们理解和处理人际关系的基础。我们为他人设定界限时，会下意识地感到自责，而当别人对我们设限时，我们也会觉得对方冷酷无情。这些观念会让我们陷入不健康的关系之中，让我们明明想说"不"，一开口却变成了"好"，即使在面对最爱的人时，我们也无法诚实地表达自己的需求和情感。

　　这种对界限的理解大错特错。这种彻头彻尾的错误一方面源于情感教育的缺失，另一方面则源于人与人之间总是缺乏坦诚的沟通。如今，已经有学校开始对学生进行情感教育。然而，在我们这些出生于千禧年之前的人中，绝大多数并未受到过任何类型的情感指导，比如，我们感受到的情绪到底是哪一种，该为它赋予何种价值，怎样才能以笃定的姿态向他人表达自己的感受，当然，与此同时，也要兼顾他人的感受。以上的一切，在我们的成长期并没有人告诉我们。于是，等到成年以后，当我们想要表达自身的感受时，当我们想要说"不"时，当我们想要表达不同意见时，我们总觉得张不开嘴，因为对我们来说，想要找到合适的语句来拒绝他人或是"唱反调"实在是难如登天。没有人教我们如何以真挚诚实、尊重他人的态度与他人沟通，没有人教我们如何在不攻击他人的情况下表达愤怒，也没有人教我们如何更有力地表达需求。

　　于是，我们往往在想拒绝的时候保持沉默。我们总是对自己说"没关系""我不想引起冲突"，或是"我不想让对方生气"——换句话说，我们总是在压抑自己的情绪。而当我们压抑情绪时，情绪的强度非但不会降低，反而会增加，直到有一天，情绪像火山喷发一样爆发出来。结果就是，我们还是表达自己的情绪了，只不过是以最糟糕的方式。这种方式不仅可能伤害他人，也会导致人际关系瞬间恶化。

我们当然有权设定界限，但设定的方式是有讲究的。在实践过程中，我们需要关照他人和自己的情绪，在正确的时间使用正确的言语。只有这样，设定界限才能帮我们建立或保护一段关系，而不是摧毁一段关系。为此，在设定界限时，我们不仅需要表现得果敢而笃定，还需要运用一些有效的沟通策略，以及一些非语言沟通技巧。这些策略和技巧可以让这项听起来异常艰巨的任务变得简单，也可以让我们在完成这项任务的同时不破坏人际关系。

现在，就让我们从头开始讲起吧。

目录

1 关于界限：是什么，不是什么

01 什么是界限／003

02 什么不是界限／010

2 人际关系、健康和幸福

01 幸福是什么／015

02 脑的运行机制／017

3 优质关系

01 优质产品与优质关系／025

02 广告带来的影响／027

03 什么样的关系才算是优质关系／028

4
三个关键词：社会环境，观念，家庭教育

-

01 社会环境／036

02 观念／038

03 家庭教育／040

5
让观念瓦解

-

01 一个真实的案例／047

02 治疗过程／049

03 重视自我满足／051

6
如何面对内疚感

-

01 引发内疚感是一种控制手段／057

02 理智与情感／060

03 我们的朋友：挫折／062

7

"有毒"与否，全看"剂量"

-

01 找到全部拒绝与全部接受之间的平衡点／067

02 警惕"天真心理学"／071

03 警惕认知偏差／076

8

界限要设在哪里

-

01 确定界限／081

02 不可协商的界限／083

03 可协商的界限／083

04 是损失吗？并不是，你赚到了！／085

9

自我肯定和沟通风格

-

01 什么是自我肯定／091

02 如何才能成为"自我肯定者"／092

03 沟通风格／093

04 自我肯定的根基／098

10
认知＋行为：有效沟通界限问题

—

01 有效沟通的三项准则／106

02 "就好像"策略／110

03 认知图式和同理心／113

04 分析对方的意图／115

11
有利于协商并设定界限的沟通策略

—

01 除了自我肯定之外，还需要什么／119

02 善用非语言沟通技巧／122

03 积极倾听／126

04 善用"我……"句式／130

05 使用被动句／135

06 让对方知道自己能得到什么／135

07 让对方认可我们的动机／136

12

说"不"的策略

-

01 说"不"就好，无须任何解释／143

02 感谢＋拒绝＋礼貌地祝福／145

03 感谢＋拒绝＋提供替代方案／146

04 请求延期答复／147

05 运用"刻光盘"技巧／148

13

如何回应批评

-

01 以自我肯定的方式加以回应／157

02 运用"烟幕弹"技巧／158

03 运用"三明治"技巧／159

04 如何应对"玩笑式"批评／161

14

面对操纵者，应该如何设定界限

-

01 尽量不让情感外露／169

02 注意肢体语言／171

03 多使用祈使句／171

04 让对方看到自己正在做什么／172

05 这样回应无礼言行／173

06 这样回应说教／174

07 这样回应"意见专家"／175

08 这样应对爱说闲话的人／177

09 这样回应爱指责他人的人／178

15

如何礼貌地让别人滚蛋

01 就好比水和油／183

02 "快滚吧！有多远滚多远！"／185

03 如何回应操纵性话语／190

04 其他一些带有讽刺、诙谐或幽默色彩的让别人滚蛋的方式／195

1

关于界限:
是什么,
不是什么

01 什么是界限

02 什么不是界限

只要敢于做自己，转变就会发生在每一个人身上。

——玛格丽特·尤瑟纳尔

01 什么是界限

界限可以被理解为一条真实的或象征性的，将不同事物区分开来的分界线，这里的"事物"既可以是实物，也可以是非实物。简而言之，界限就是不同事物的分界。在心理学领域，我们关注的当然是人与人之间的界限。在心理学中，我们可以将界限定义为我们在与他人（以及与我们自己）的关系中设定的规则和边界，设定规则和边界的目的是让每段关系都能健康发展。界限有不同的类型，下面我将根据自己的理解一一讲明。

第一种界限是身体上的，与身体接触和个人空间有关。有些人很喜欢身体接触，他们在与人互动时会离对方很近，与人交谈时会触碰对方的手或胳膊，与人打招呼时会给对方一个拥抱，在他们看来，身体接触是表达和回应情感的不二之选；而另一些人则倾向于与他人保持一定的社交距离，他们打招呼的方式是握手，当有人离他们太近时，他们会有被冒犯的感觉，通过亲吻或拥抱来打招呼、表达善意的方式更是令他们觉得不舒服。在身体界限这个问题上，除了个人的偏好外，文化也发挥着重要的作用，比如，北欧人的社交距离通常比南欧人更远。在与身体界限有关的所有越界行为中，身体攻击属于相当恶劣的一种，是对身体界限非常严重的侵犯；另一些越界行为的恶劣程度则会轻一些，比如打招呼或交流时的身体接触（对于不喜欢身体接触的人而言）。

第二种界限是物质界限，指的是对私人物品的所有权。作为一件物品的主人，我们有权决定如何使用它，是否把它拿出来和别人分享，以及和谁分享。偷东西，在未经许可的情况下借用别人的东西，把别人的东西弄坏了却拒绝赔偿，或者为了用别人的东西而向别人施压……这些都属于越界行为。

第三种界限是情感上的，它与表达情感的方式、时机、对象以及背景有关。当某人在情感上操纵我们，对我们的情绪进行评判，或认为我们的情绪一文不值时，这个人就越界了。类似的行为还包括：侵入我们与他人的对话（如偷听我们和他人的对话，偷看我们的短信或电子邮件），在未经许可的情况下偷看我们的日记等。

第四种界限是性界限，涉及性关系中的情感、沟通和性接触等因素。越过性界限的行为包括未经同意的性接触、猥亵言论、淫秽手势，或者通过任何形式的强迫或操纵以获得性接触的行为。

第五种界限是时间界限，这种界限与我们管理时间的方式有关，简单理解就是，我们在一定范围内拥有自由分配时间的权利。当某人要求我们与他相处的时间超出了我们打算分配给他的时间，或是挤占了我们为其他活动（如工作）分配的时间时，这个人就越界了。

某些类型的界限会比其他类型的界限更难识别，也更难设定。看得见的界限（比如物质界限和身体界限）会比看不见的界限（比如情感界限）更容易设定。比如，我们很清楚，不能让别人随随便便拿走我们的车钥匙，还好像什么都没发生一样。其实在情感方面，也是同样的道理：我们不能让别人随随便便操纵我们的感情，把我们变成为他谋利的工具人。只是对我们来说，涉及情感和心理的情况总是更难处理，因为有时候我们自己都把握不好其中的界限。

同样，可量化的界限（如时间界限）会比不可量化的界限（如性界限）更容易设定。比如，如果我们的约会对象比约定的时间晚了一小时才到，我们会认为自己完全有权感到不悦，可是当有人用猥琐的眼神看着我们时，我们却有可能迟疑，觉得或许是自己多心了，或者在此情此景下表达愤怒并非合理之举。

另一方面，教育和文化灌输给我们的观念，会让我们在对待不同类型的界限时采取不同的态度。比如，在受到人身攻击时，我们会觉得自己有权进行正当防卫，这是毋庸置疑的，并且我们不会因为自己反击了而感到内疚；然而，当有人伤害我们的感情，甚至威胁到我们的心理健康，于是我们要求这个人改变行事方式时，我们却可能内疚、纠结。

这是为什么呢？明明我们做这些事的动机是相同的，都是为了自我保护哇！

在开始设定界限时，我们要做的第一件事，就是对所有类型的界限一视同仁。

让我们来看一个例子。我们绝不会把家门拆掉，因为那样的话任何想进我们的家的人都可以进来，对吗？拆掉家门会让我们完全暴露于风险之中，家里的东西随时都可能被偷，自己和家庭财物的安全都没了保障。每个家都有一扇大门，只有有钥匙的人才能打开这扇门。如果没有钥匙的人想进去，就必须按门铃或者敲门。至于能不能进去，要由家里的人来决定。同样，家里还会有好多扇房门，这些门将公共区域与私人空间划分开。每个家庭成员的房门是开着还是关着，全凭他们的意愿。没有人会觉得关上自己房间的门会冒犯他人，也没有人会因为别人使用浴室时关上门而感到不悦，同时关上门的人也不会因为自己这样做而感到内疚，因为在人们的潜意识中，这些界限的存在是完全合理的，也是家人们和谐相处所必需的。

想象一下，假如一位朋友因为你不愿把自家的钥匙给他而觉得受到了冒犯，你会如何反应？假如他说，如果你真的爱他，就必须允许他随时出入你家，你会如何回应？假如他对你说，在他看来，不给他钥匙，就是对他缺乏信任，就是不爱他，你会怎么想？

你很可能会觉得对方完全是在胡说八道，除非对方下一秒就承认自己疯了，否则你就会结束与对方的友谊。

实际上，有些"朋友"在与我们的交往中就是这样厚颜无耻、没有礼貌。他们无视任何类型的界限，认为我们给他们的爱就应该是无条件的；我们只要对他们说一个"不"字，他们就觉得不舒服；而当我们向他们表达情感上的需求时，他们却又觉得厌烦。这些所谓的"朋友"，和那些想要拥有我们家钥匙的人，又有什么区别呢？面对这样的人，无论我们有多爱他们，我们都不能退让。

界限这东西的意义其实和我们一直以来所理解的相去甚远。实际上，设定界限是表达爱的一种方式。当我们清楚地表达出自己想在一段关系中寻求什么、得到什么时，我们就是在帮助对方，让对方知道如何做才能让我们感到舒适和安全，从而让这段关系健康长久地发展下去。这是在告诉对方，因为我们爱他，因为我们希望能和他拥有一段长久而美好的关系，所以我们想告诉他何种状态可以让我们觉得舒适，这样他就不必猜来猜去，也不用害怕会无意中做出一些伤害我们的事，最终导致双方渐行渐远。同样，我们也应该对对方的界限表现出兴趣，向对方表明我们想让两个人的关系尽可能地健康发展，并且愿意用对方觉得舒服和安全的方式来和对方相处。另外，设定界限也是爱自己的表现，因为这表明我们发现并尊重了内心的需求。

设定界限也意味着"尊重"。首先，这意味着尊重对方，因为这一举动是在告诉对方，我们愿意向他表明自己的界限，并希望他尊重我们的界限。同样地，我们也希望他能与我们分享他的界限，而且我们一定会尊重他的界限。其次，这意味着尊重自己，因为设定界限可以让我们重视自己的权利和需求，这意味着作为一个人，我们是自我尊重的。

设定界限还意味着"接纳"。首先，这意味着接纳别人，接纳这样一个事实：在一段关系中，对方可以容忍的东西可能和我们能容忍的有很大不同，但这丝毫不意味着对方的想法就是错的，或是不重要的。其次，这意味着接纳自己，因为设定界限可以让我们承认自己的需求和欲望，并肯定它们的合理性，不对它们进行评判，也不因设定界限而感到内疚。

如果不谈"自我肯定的权利"，我们就无法理解什么是界限。自我肯定的权利是我们所有人都拥有的，仅仅基于"我们是人"这一简单的事实。拥有这样的权利，意味着我们有权尊重并满足自己的需求，也应该尊重他人的需求。也就是说，我们有权在人际交往中设定界限，也应该尊重他人设定界限的权利。

自我肯定的权利包括：

（1）表达自己的感受、想法、需求，展露情绪的权利。

（2）受到尊重、保持尊严的权利。

（3）表达不同意见，在不伤害他人的前提下坚持己见的权利。

（4）对不合理的要求说"不"的权利。

（5）想要某种东西的权利。

（6）不想要某种东西的权利。

（7）改变观点的权利。

（8）犯错的权利。

（9）为自己的人生、身体和时间做决定的权利。

（10）为各项事务划分优先级的权利。

当然，享有权利就意味着要承担责任。行使上面这十种权利时，只需要承担一种责任——对他人的权利予以尊重。

上述权利中，儿童享有前面八种权利（只要他们的决定不侵犯他人的合法权益）。尊重儿童的这些权利非常重要，因为正是在孩童时期，一个人会逐渐形成关于自己、他人和世界的观念体系。如果一个人在孩童时期没有建立"我拥有自我肯定的权利"的观念，那么他成年后也很难相信自己拥有这些权利，也就很难去捍卫它们。剥夺儿童的上述权利，就是在把他们变成容易被操纵、虐待的人，因为他们没办法意识到自己有表达情感、想法，说"不"和为自己做决定的权利。因此，我们必须对儿童的上述权利给予充分的关注和尊重，使他们自然而然地学会行使和捍卫这些权利。

人类学习的主要方式之一是模仿。儿童往往会通过模仿家人、同学、动画片里的"超级英雄"，特别是父母的行为来学习并养成习惯。因此，作为父母，除了尊重儿童自我肯定的权利外，还必须为他们树立榜样，让他们懂得"捍卫自己的权利和尊重他人的权利同等重要"这件事。如果自己都做不到，那么对儿童进行再多的口头教育也没有用。

02 什么不是界限

设定界限并不是告诉别人他应该做什么或不应该做什么，而是把我们在一段关系中的需求以及让我们感觉良好的事情说出来。拥有表达需求的权利并不意味着我们可以肆意表达而不顾及别人的感受。我们只是想让别人知道我们喜欢什么，以及喜欢怎样的相处方式，而不是和别人争执或是要求别人一定要做什么。要记得一件事，那就是行使权利的时候不能侵犯别人的权利。比如，设定界限并不是对某人说"我想让你每天到家后都给我发一条短信"，这是把自己的意愿强加给对方，强迫对方做某件事，而忽略了对方也有决定要不要做这件事的权利，而这种权利是我们应该给予尊重的。其实只需要稍稍改变一下措辞，就能够更恰当地表达自己的愿望或需要。你可以这样说："我希望你回家后能给我发一条消息，否则我会担心的。"这样说的话，对方就更有可能接受我们的请求，或是更坦诚地跟我们沟通自己的想法和感受。

界限是不可以拿来评判的。我们想要什么或需要什么可能仅仅出于一种感觉，只要不触犯法律，我们就无须为自己的想法和需要感到抱歉。同样，对于别人的界限我们也不能评判，只能接受和尊重。如果发现别人的界限和我们的界限实在无法兼容，就意味着是时候决定要不要继续维持这段关系了。

当然，生活中，我们会面临各种各样的情况，我们的感受也瞬息万变。有时候，我们的一些愿望或需求可能是有问题的，是建立在有限的认知或不安全感上的，对自己和人际关系都有害。比如，如果控制欲过强，就可能对自己以及与我们建立联系的人造成伤害。遇到这种情况，可以多问自己几句：我为什么会有控制一切的需求？这对我来说是好事还是坏事？这会对我的人际关系以及我所爱的人造成怎样的影响？这与我的不安全感有关吗？通过这种不带评判色彩的反思，我们可以在这方面有所改善。

最后要强调一下，设定界限并不是一种自私的行为。我们设定界限不是为了一己私欲，而是为了让一段关系更好地维持下去。只有在双方都感觉良好的情况下，一段关系才可能长久地发展下去，因为在这种状态下，双方都可以呈现出自己真实的一面。

当我们开始探究什么是界限、什么不是界限时，就意味着我们已经将设定界限理解成了一种手段，期待用这种手段来自我保护、稳固关系。在一段健康的恋爱关系中，界限也是必不可少的。

2

人际关系、
健康和幸福

01 幸福是什么
02 脑的运行机制

美好的生活建立在美好的关系之上。
——罗伯特·瓦尔丁格

01 幸福是什么

　　纵观历史，从亚里士多德的时代到现在，伟大的思想家、哲学家、心理学家、人类学家、科学家等一直对一个词格外感兴趣，那就是"幸福"。幸福是什么？什么能让人感到幸福？是什么让一些人比其他人更幸福？幸福感是可以培养的吗？哪些因素会影响我们对幸福的感知？幸福感是与生俱来的，还是后天获得的？数个世纪以来，人类孜孜不倦地问着与幸福有关的问题，却始终没能找到令大多数人满意的答案，到今天为止依旧如此。

　　哈佛大学进行的一项关于幸福感的研究，可能是史上用时最长、最非同一般的研究：在几十年的时间里，他们跟踪记录了数百人（最初）的生活，目的是找出是什么让他们感到幸福。社会阶层、经济条件各不相同的人纷纷参与到实验中来，从青春期一直到成年，他们的学习、工作和生活情况，两性关系，生活习惯，健康状况，经济状况等信息被年复一年地记录下来。

随着研究的进行，受试者的队伍逐渐壮大，最初的数百人的子女和配偶也相继加入其中，研究人员收集的资料长达数千页，得到的结论令他们大为惊讶。该项研究的参与者罗伯特·瓦尔丁格曾宣称，这项持续了数十年之久的"幸福研究"的结论很明确：

良好的人际关系能让人更加快乐和健康。

这一结论意味着，科学证实，一个人快乐的关键在于他和其他人相处的方式。不仅如此，经过证实，人际关系还是影响人健康的关键因素。

曾主持这项实验数年的精神病学家乔治·瓦利恩特出版过一本书，这本书探讨的是，随着年龄的增长，对人的健康影响最大的因素是什么。他在书中解释了遗传、运动、饮食、酒精和药物滥用等会对人的生活和健康产生怎样的影响。最终他得出了一个非常有力的结论：想要健康地变老，关键是关系、关系、关系，除了关系还是关系。

上述研究最令人惊讶的发现之一是人际关系对我们的健康和寿命具有非常大的影响。例如，研究发现，同样是50多岁的人，那些有着良好的人际关系的人，到了80多岁时，健康状况会比没有良好的人际关系的人更好；相比于没有良好的人际关系的老年人，拥有良好的人际关系的老年人在脑力和身体上都退化得更慢，记忆力也相对更好。另一方面，该研究还推断出，良好的人际关系对控制压力水平、提升睡眠质量都有积极影响，这就是为什么保持良好的人际关系有助于预防多种严重疾病。

近年来，涉及不同学科的多项研究都证实了上述结论。这让更多的人意识到，要用全新的理解和处理方式来对待身体、心理和情绪健康问题。

02 脑的运行机制

有些美妙的艺术作品会直击我们的心灵，驱散我们心中的阴霾。有时候，只要听到某首歌的前三个音符，我们就会激动得汗毛直立，浑身起鸡皮疙瘩。这一切感觉的出现，是因为我们的身体中有一个无与伦比而又至高无上的东西。有了它，世界上才有了这么丰富的艺术作品。这个伟大的东西，名叫脑。

对脑功能的研究是惊人的创举，正是这些研究向我们揭示了脑的每个区域、每个结构是如何发挥特定功能的。了解了这些之后，我们会不由得赞叹大自然的精妙设计。

当我们因为某一首歌而兴奋时，当某一种气味把我们的回忆拉回到童年时，当我们坠入爱河时，当我们读一本小说时，当我们学到新东西时，当我们起床后给自己泡一杯咖啡……我们一生中的每一个大大小小的行动，以及我们的一切感受和想法，都与处理特定类型信息的神经元相关。神经元亦称"神经细胞"，是神经系统的基本结构和功能单位，一个神经元包括细胞体和突起两部分。

让我来举个例子。想象一下，你正在和家人聚餐。饭吃到一半，坐在桌子另一头的人突然对你喊道："喂，快接住！"然后，他朝你扔了一个橙子。在橙子飞过来的过程中，你脑中负责感知、分析和对即将发生的事做出反应的数十亿个神经元，在你没有意识到的情况下被激活了。

视觉皮质是处理视觉信息的大脑皮层区域，位于大脑枕叶。环境中的光通过眼睛的光学系统聚焦到视网膜，由视网膜的感光细胞将光能转化为电能，发出神经冲动，神经冲动沿神经纤维传导到大脑枕叶的初级视皮质，产生视觉。视觉皮质主要包括初级视皮质和高级视皮质两种。初级视皮质发出的投射可按方向分为两种：一种是腹侧通路，投射到颞叶，参与物体识别；另一种是背侧通路，投射到顶叶和额叶，参与手眼协调运动。

大脑处理视觉信息的同时，语义系统会开始对这些信息进行解读。它会调动你的知识和经验，对眼前的物体进行识别和分类。比如，在上面这个场景中，它会告诉你向你飞来的东西是一个橙子——它不是苹果，不是网球，而是一个橙子。它会判断这个物体是无害的还是可能对你构成威胁的，并指导你做出相应的反应。

环境中的光通过眼睛的光学系统聚焦到视网膜 ▷ 视网膜的感光细胞将光能转化为电能，发出神经冲动 ▷ 神经冲动沿神经纤维传导到大脑枕叶的初级视皮质 ▷ 产生视觉

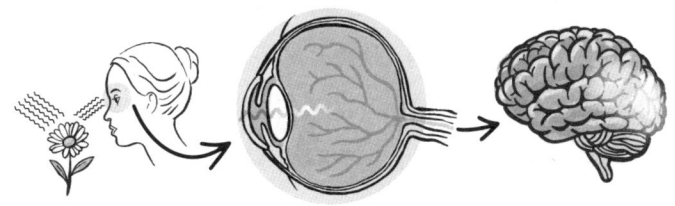

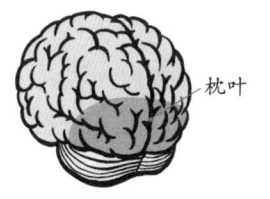
枕叶

枕叶是脑的视觉处理中心，它能对视觉信息进行初步分析，这些信息包括：
① 亮度
② 形状
③ 颜色
④ 运动信号
⑤ 空间定位

除此之外，当上述所有信息被加工处理之时，你的前额叶可能会做出决定，让你动起来，以免被扔过来的东西砸到。比如，神经元会将处理后的信息传递给肌肉和其他执行器官，让你向一侧移动，为的是防止橙子直接击中你的脸。与此同时，脑中的另一个区域会命令你闭上眼睛，防止眼睛受到任何可能的伤害。这还没完。其他数十亿个神经元还在继续活跃着，使你在这一切发生的同时还能够正常呼吸，体内仍然可以正常泵血，肌肉也可以保持张力……假如你在躲开橙子的时候还大喊

了一句"你这是干什么",那就意味着与语言相关的系统也被调动了起来,不同的神经元区域之间好一通交换信息,才使得那声质问脱口而出。

以上便是脑运行的迷人之处。这一切全都发生在几毫秒内,整个过程都是自动的。当然,这只是我们的脑完成的一项基础任务罢了。不妨想象一下,我们在做像写作、演奏乐器、安排假期日程或解决数学问题等困难得多的事时,脑的运行会有多么复杂。

让我们回到之前那些神经心理学研究上来,继续探讨人际关系是如何影响我们的健康以及我们对幸福的主观感知的。近年来,一些科学家所做的研究进一步揭示了人际关系与健康、幸福感的关系,使"人际关系如何影响我们的大脑"这一问题有了答案。

相信很多人都有过这样的经历:当某人以满怀敌意的方式对待我们时,我们会感到难过、压抑;而当我们被友善对待时,我们会有愉快的感觉。这些感受和感觉就是我们常说的"情绪"。情绪是人对内外信息的态度体验及相应的行为和身体反应,是伴有较明显的自主性神经反应的一种心理状态。

我们的身体在对刺激做出反应时,会释放不同类型的激素或神经递质,这会决定我们是变得愉快、开心,还是不愉快或痛苦。当我们感受到他人对我们的敌意时,神经递质的释放和激素水平会发生一系列变化,导致我们产生不愉快的感觉;而当我们感受到他人的友善时,神经递质的释放和激素水平会发

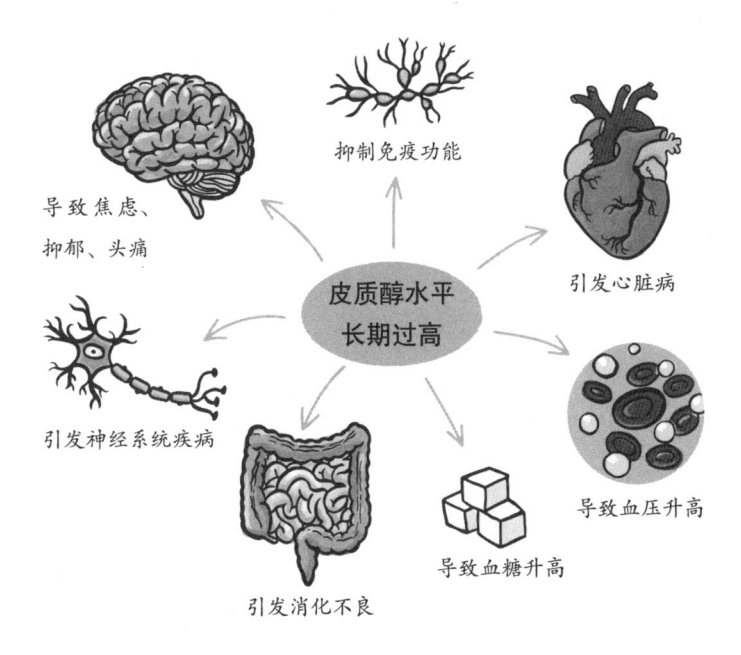

生另一种变化，我们就会有愉快的感觉。

皮质醇水平长期过高
- 抑制免疫功能
- 引发心脏病
- 导致血压升高
- 导致血糖升高
- 引发消化不良
- 引发神经系统疾病
- 导致焦虑、抑郁、头痛

当人长期处于高压状态中，人体内的皮质醇水平就会上升。皮质醇是由人或动物肾上腺皮质产生的一种糖皮质激素。皮质醇水平长期过高可能引发心脏病、高血压、高血糖、消化不良、神经系统疾病、焦虑、抑郁、头痛以及免疫功能下降等问题。因此，如果一个人长期感受到来自人际交往方面的压力，身边都是对他很不好的人或者喜欢说他坏话的人，那么他的健康状况可能不容乐观。

以上这些研究发现的问题绝不是无关紧要的，因为这么多年来，人类一直在努力探寻保持健康的秘诀：注意饮食，加强体育锻炼，戒酒和戒烟……在这些要点中，"注意人际关系"并不是一个常常出现的短语，很多人也忽略了敌对关系对人类健康的影响。而越来越多的研究证明，人际关系对健康具有非常大的影响。

围绕"人际关系的影响"这一话题，我们已经介绍了很多研究结论，了解这些结论能使我们重新思考人际关系的价值。在这个过程中，很多问题会不可避免地纠缠在一起，最终形成一个巨大的"问题网络"：

何谓健康的人际关系？一段关系可以既是健康的，又是令人痛苦的吗？不健康的人际关系能让人快乐吗？优质的人际关系是如何建立的？如何改善现有的人际关系？对于伤害性较强的关系，应该如何处理？有冲突的关系一定是不好的吗？是否有可能"改造"不健康的关系，让它变得健康起来？在追求健康的人际关系的过程中，坚守界限与灵活应对之间的平衡点到底在哪里？沟通的方式是如何影响一段关系的？如何才能在不伤害他人的情况下表达自己的不快？在不影响身体健康的前提下，一个人最多能承受多少敌意？

这些问题看上去杂乱而复杂，但是请不要担心，在接下来的章节中，我将尽量给出答案。

3

优质关系

01 优质产品与优质关系
02 广告带来的影响
03 什么样的关系才算是优质关系

真正重要的东西,用眼睛是无法看到的。
——圣埃克絮佩里

01 优质产品与优质关系

你还记得自己上次选购手机、鞋或美酒时的情景吗?我猜大概率是,在货比三家之后,你才做了决定。

当一个人不得不在多个选项中进行抉择的时候(抛开美学和设计等方面的因素不谈),他的大脑首先会考虑三个因素:

(1)自己的需求。

(2)产品的功能能否满足自己的需求。

(3)自己愿意为此支付多少钱。

对很多人来说,这三个因素会自然而然地出现在脑海中。那么现在,请你快速地回答下面三个问题:

(1)当你手里有能买最新款手机的钱时,你会选择买一部老款手机吗?

(2)你会买淋浴时穿的拖鞋去参加田径训练吗?

(3)面对以下两种场景,你会选购同样的葡萄酒吗? A. 举办自己的婚礼 B. 调制桑格利亚汽酒

在回答这些问题时,你会不自觉地考虑到自身需求、产品

功能和价格这三个因素，然后给出答案，而且很可能只在短短几毫秒内就给出答案。这是因为在你的大脑中，有一个叫"前额叶"的部分，它在决策、评估等过程中起着核心作用，能够在你几乎意识不到的情况下自动考量以上三个因素，这是因为，对于一件产品需要拥有哪些特征才能算得上"优质"，以及性价比的重要性，你早已心知肚明，这样一来，眨眼之间就做出决定似乎是再自然不过的事了。

然而，一说到优质的人际关系的特征——在我们的生活中，人际关系的质量好坏可比很多物品质量的好坏要重要得多，影响力也要大得多——我们却很可能发现自己没那么了如指掌了。我们生活在一个更看重商品质量而非人际关系质量的社会，很多人总是更重视物质财富，却不在意自己整天打交道的人是什么样的。

这是因为，在消费社会，我们被灌输了这样一套观念：人消费得越多，就会越快乐；不断去争取更好的东西，人就会获得更多的快乐。因此，在很多时候，真正有价值的东西完全被忽略了。

圣埃克絮佩里在他的《小王子》中写道："真正重要的东西，用眼睛是无法看到的。"然而，我们中的很多人一生都在用看得见的东西来衡量幸福水平，相信"拥有更好的手机，我就会更快乐"，但即使包里的手机是市面上的最新款，他们所渴求的那种快乐可能依然没有到来。于是他们认为，得买一辆更好的车才行。可是把好车请进自家车库后，他们却觉得，快乐的程度并没有因为多了一辆车而有实质性的提高。那么再买一套房子吧，专门留着度假的时候住。然而当他们真的住进去后，又会发现自己的感觉和以前根本没什么两样……总之，他们坚信，幸福来源于外界，来源于获得更好、更大、更昂贵的东西，可实践下来，却发现结果并非如此，用钱买来的任何一样东西都很难真正改变自己的感受。

02 广告带来的影响

让我们想象一下，假如我们日常看到的广告向我们灌输的并非"买买买使人快乐"，而是"好的人际关系使人快乐"，那么我们可能会从小就重视与人相处的方式，比如自己与家人、朋友相处的方式，他人是如何对待我们的。我们不会允许自己受到虐待，也不会去虐待他人；如果在一段关系中觉得自己没有得到尊重，我们就不会继续和这个人交往下去；我们也会注意，在言行举止上一定要尊重他人；我们也不会允许有人恶意利用我们；在一段关系中，如果我们收获了对方的善意和帮助，我们也会乐于以同样的方式对待对方；我们会更加尊重自己的愿望和需求，对别人的愿望和需求也能给予理解，并且明白别人的愿望和需求不一定和我们的一致，即使不一致，也不应该把这当成人际关系中的减分项；我们与人沟通时将运用更多的技巧，拒绝他人时会用到更多的策略，并且明白，拒绝不等同于怠慢和轻视。这样一来，我们将拥有更多优质的人际关系，并且有能力将它们维持下去。

然而，现实是，直到现在，人与人之间的关系仍然没有得到足够的重视。虽然为此抱怨没有多大用处，但我们至少可以反思一下，好好想一想从现在起应该如何做，才能拥有更美好的未来。

03 什么样的关系才算是优质关系

为了改善人际关系，首先必须了解什么样的人际关系才算是优质关系。

我认为，优质关系需要符合下面这些描述：双方都能够表明自己的愿望、需要和界限，一方表明自己的想法时，另一方不会感到对方在评判自己；双方可以自由决定是否接受对方的愿望、需要和界限；双方的沟通方式、相处方式以及行为是建立在互相关心和尊重的基础上的；双方都没有有意或无意地操纵对方；双方都知道应如何对待对方，两人的表达和沟通是自由的，有问题就问，有需要就提，有困扰就倾诉；双方会有冲突，但这种冲突不是破坏性的，双方会努力解决冲突，并相互支持；无论是歉意、感激之情还是爱意，双方都会用真诚的话语或行为表达出来。

上面这些描述是评价人际关系质量的重要指标。除此之外，每一段关系都有各自的特点，这与双方的价值观和实际情况有关。每个人处理人际关系的方式都是独一无二的、个性化的，因此除了上面提到的普适性的描述，每个人都应该根据实际情况，从每一段关系的特殊性出发，来评估这段关系，决定在这段关系中自己更看重什么。

下面要介绍的这项训练非常有用，它可以帮助我们更为准确地判断一段关系是否为优质关系。现在请反思一下，自己和生活中对自己来说最重要的人关系如何，然后依照上面提到的"优质关系描述"来为这段关系打分（最低0分，最高10分），打分情况可以用表格的形式呈现。后面有一个示例。

请注意，通过打分、做量化分析来评判一段关系的质量时，得到的答案没有正确或错误之分，因为这取决于我们的感受，以及我们是如何看待一段关系的方方面面的。这样的分析可以让抽象的东西变得可视化，使我们能够辨别出某段关系的哪些方面存在问题，哪些方面没有问题，这样我们就更容易知道应该改进哪些方面，免得像无头苍蝇一样乱撞。

另外，由于每个人对同一种情况的容忍度有所不同，因此面对同一种情况，不同的人打出的分数可能有所差异。不过，我们应该明白一件事，那就是10分几乎只存在于理想状态中（无论是在人际关系方面还是在生活的其他方面），完美并不是一个一定可以实现的目标。如果我们沉迷于追求完美，那么失望和不满就会变成常态，我们也就很难发现一段关系中好的部分了。

优质关系的描述	我与以下人物的关系				
	妈妈	爸爸	伴侣	朋友A	朋友B
双方都能够表明自己的愿望、需要和界限,一方表明自己的想法时,另一方不会感到对方在评判自己	3				
双方可以自由决定是否接受对方的愿望、需要和界限	2				
双方的沟通方式、相处方式以及行为是建立在互相关心和尊重的基础上的	3				
双方都没有有意或无意地操纵对方	1				
双方都知道应如何对待对方,两人的表达和沟通是自由的,有问题就问,有需要就提,有困扰就倾诉	3				

续表

优质关系的描述	我与以下人物的关系				
	妈妈	爸爸	伴侣	朋友A	朋友B
双方会有冲突，但这种冲突不是破坏性的，双方会努力解决冲突，并相互支持	4				
无论是歉意、感激之情还是爱意，双方都会用真诚的话语或行为表达出来	6				

有了这几个分数，我们就可以清楚地看到某段关系是不是优质的，如果答案是否定的，这些分数也能告诉我们具体应该从哪些方面努力，才能让这段关系变成优质关系。从现实的角度出发，我们似乎不得不接受这样一个事实：对多数人际关系而言，我们能打出7分已属不易，能打出8分就相当棒了，如果能打出更高的分数，就可以说是奇迹了。

最后，为了充分发挥这项训练的作用，我们可以围绕得分最低的描述来问自己一些问题，这样做的目的是获取一些有用的信息，让我们知道在改进这一方面的时候该如何入手。例如，如果你在评估和某位家人的关系时，针对第一个描述打了3分，你就可以问问自己：为什么我只打了3分而不是7分？哪些情况下我会打出 7 分？我是那个被评判的人，还是那个评判对方的人？评判往往发生在什么样的情况下？评判是如何发生的？如果我是那个被评判的人，我有被评判的感觉是因为对方的行为，还是因为自己的情感创伤？总之，这项训练会为我们提供充足的信息，方便我们采取行动，着手解决存在于人际关系中的问题，或是改善我们自身的问题。

4

三个关键词：
社会环境，
观念，
家庭教育

01 社会环境
02 观念
03 家庭教育

一个孩子，一个老师，一本书，一支笔，就能改变世界。教育是唯一的解决之道。

——马拉拉·优素福扎伊

一个人接受心理咨询*可能有很多原因：有童年创伤，自卑，和伴侣的关系出现了问题，情绪不佳，患有精神疾病，亲人去世……总而言之，就是来访者觉得自己正面临着某些问题，这些问题可能和身边的人（伴侣、家人、朋友、老板或同事）有关，也可能只关乎自己。因此，在咨询过程中，有一个重要议题，那就是来访者与身边的人的关系（也包括小时候的人际关系），例如：这些关系的质量如何？双方的沟通方式是怎样的？总之，一段段关系会影响一个人对世界的认识和态度，也会影响其心理健康。

每个人都有自己的世界观，它是独特的，和其他任何人的都不完全一样。个人经历、观念、价值观、生活环境、教育和文化背景、人生抱负、性格以及心态，都会影响一个人看待和理解现实的方式。正所谓"一千个观众眼中有一千个哈姆雷特"，面对同一件事，不同的人可能会有不同的理解和观点。

---

* 心理咨询是接受专业训练的咨询者，运用心理学的理论与技术，通过语言和非语言的交流给来访者以帮助、启发，从而改变不良认识、情感和态度，促进人格的发展和社会适应能力的改善的活动。

意识到每个人都有自己看待世界的方式，以及这种方式受多种因素影响后，我们就会变得更宽容，更懂得尊重他人，进而能够与他人建立更为健康的相互尊重的关系。

作为咨询者，在与来访者沟通的过程中，应该始终记得具体问题具体分析，结合实际情况分析每一段关系，这有利于找到这些关系的症结所在。例如，同样是"无法设立界限"，有些人是不敢设立界限；有些人是知道自己的界限在哪，却不懂得如何恰当地将界限告知他人；有些人是因为自卑或观念问题，总是觉得别人的界限、需求和愿望比自己的更为重要。

01 社会环境

尽管心理健康领域的学者和从业者已经在加大科普力度，试图让人们明白人际关系的质量对身体健康和心理健康有非常大的影响，但是如今，这一议题在生活中仍然较少被触及，尤其是在中小学的学生教学计划中，以及企业的员工培训手册里。如今，社会最重视的仍然是学术智力和生产力，尽管它们并不能让人们变得更会与自己相处，更好地理解自己的情绪。情感智力依旧常常被忽略，但实际上，它在建立和维系优质关系方面非常重要，无论是与他人的关系，还是与我们自己的关系。

近年来，虽然"抑郁症、焦虑症等疾病的发病率有所增加"之类的报道屡见不鲜，但这些问题仍然没有得到足够的重视。如果我们从小时候起，就像学习语言或数学一样来学习如何与他人以及自己相处，如何尊重自己和他人的权利，如何自信地表达自己的想法和感受，如何有效地沟通，如何设定界限，如何毫无愧疚地说"不"，并且在别人对我们说"不"时不会感到被冒犯，那么我们的生活将会完全不同。但正如前面提到的那样，我们所处的社会并没有把人际关系的质量摆在优先要考虑的位置，主流媒体（它们负责传播规范、价值观和行为模式）在这方面也没有给予我们足够的帮助，有时甚至还会帮倒忙。

事实上我认为，许多人（尤其是2000年之前出生的人，尤其是女性）受到的教育恰恰把他们引到了与上面提到的理想状态相反的方向，因为他们受到的教育是待人必须友善，毕恭毕敬，即使不愿意也得这样做；如果想要被爱，就必须满足别人的愿望，即使别人的愿望和自己的愿望相悖；想成为一个有价值的人，行为和审美必须得到社会的认可，即使这样做会违背自己的意愿和真实想法，甚至危及自身的健康；想成为一个好母亲、父亲、妻子、丈夫、女儿、儿子、朋友或公民，就永远不该说"不"，因为说"不"会让别人难过，也意味着自己不再值得被爱。

02 观念

除了社会环境的影响外,许多人还会从家长或老师那里接触到第 37 页最后一段中提到的思想。这样的人在关于"界限"的问题上容易有以下四种错误观念:

(1) 认为其他人的感受比自己的感受更重要。

(2) 认为"希望在人际交往中感到舒适"的想法是不对的、自私的。

(3) 认为拒绝别人的要求会使自己变成一个不值得被爱的人。

(4) 认为爱必须是无条件的。

很多男孩和女孩从小就树立了上述观念,最终变成了这样一个成年人:总是一味讨好他人,习惯性地无视自己的需求,压抑自己的情绪。这会对他们的自尊水平产生极大的负面影响。

这些"顺从者"的特点是:

(1) 对他们来说,设定界限是极其困难的事。

(2) 总是按照别人的意愿做事,把别人设定的界限当成自己的。

(3) 脑子里想说"不",嘴上却总是说"好",即使不愿意,也会帮别人的忙,或者答应某个邀约。

(4) 听到别人说一个"不"字,就觉得自己被拒之门外了。

(5) 总是陷入不健康的关系中,对在各种关系(如夫妻关系、同事关系等)中受到的虐待保持容忍的态度。

（6）很难说出自己的真实想法或感受，避免表达与他人相反的观点。

（7）总是希望得到所有人的喜欢和认可。

（8）常常在社交场合感到焦虑、愤怒或悲伤。

（9）由于自我忽视而缺乏自尊。

（10）容易陷入自我怀疑，认为自己没有实现定好的目标，因为自己不够勇敢，所以没能过上想要的生活。

有些"顺从者"能够感觉到自己陷入了不健康的关系中，却从来都不敢说"够了，停下吧，到此为止了"。他们被灌输了太多这样的观念：要为他人着想，自己的需要和感受是无关紧要的。于是，他们被这些观念限制了，任凭自己受他人摆布，对自身的欲望和需求不闻不问，总是把自己放在最后一位，总是放弃自己的目标，甚至在面对极度的不尊重时，都想不到要站出来为自己发声，也不觉得获得尊重、捍卫权利、维护尊严是必要之事。

这些人需要学会说"不""够了"。对他们来说，重拾尊严刻不容缓。

当然，并非所有觉得设定界限很难的人都是"顺从者"。很多人尽管从小也被教导要多替别人着想，但并不会一味顺从。不过，这些人也可能或多或少地认为，当自己说"不"或把自己的界限告诉他人时，应该感到内疚。

鉴于上述情况，我认为大多数人需要重新定义界限，学习设定界限，发自内心地认为自己值得被尊重，在感到自己没有受到尊重时能够毫不迟疑、毫不畏惧地据理力争，在权利受到侵犯时采取必要的行动。与此同时，他们还必须学会以积极的态度接受他人的界限，不将设立界限视为一种攻击，并且对所有人的合法需求都持尊重态度。

我们必须明白这一点：说"好"并不会让我们成为更好的人，说"不"也不意味着我们很自私。事实上，爱一个人并不意味着要无条件接受对方的一切要求，不意味着要将自己毫无保留地奉献给对方，也不意味着要完全放弃个人计划。我们可以设定一个合理的界限，以一种更健康、更无害的方式去爱，这样的爱也可以非常强烈，同时，这样做还能给自己留有空间，以便照顾自己、尊重自己和爱自己。与此同时，还要学会不因设立界限而感到内疚或觉得自己很自私。

为了实现这一目标，我们需要审视三个关键要素，改变多年来一直根植于我们内心的观念，因为正是它们决定了如今的我们是如何建立关系的。这三个要素分别是：

自尊、对自私的认识和对爱的认识。

03 家庭教育

每个人对自尊和自私的理解都与我们从小接受的关于爱的教育有关，这里的爱既包括对他人的爱，也包括对自己的爱。

下面这些情况，容易让我们认为设立界限和爱自己是自私的行为。

身边有一个总是在奉献自己的"榜样"

例如,一位母亲多年来始终竭尽全力照顾自己的孩子和丈夫,总是习惯把一切都打点好,每天都忙着准备食物、熨衣服、打扫房子,天天都忙到很晚。邻居需要帮忙时,她也从来都不会拒绝,虽然她已经忙碌到没有时间休息,也没有时间照顾自己了。

如果我们身边有这样的"榜样",我们就容易认为与人相处的正确方式就应该是这样的,认为把时间花在自己身上是不对的;我们很可能重蹈覆辙,很难理解"享受只属于自己的时间和照顾自己"的做法是必要的,而且这种做法不应该被视为错的或不好的;我们还容易认为无私奉献是向他人表达爱的方式,这样做也能证明自己是值得被爱的;我们也可能觉得,如果没能满足他人的需求,自己就不配得到爱。

与此同时,我们也容易期望他人能以这样的方式对待我们。如果他人没有这样做,我们就会觉得这个人并不是真正爱我们。

家长完全无视我们的需求或感受,强迫我们做一些我们不想做的事

如果在我们的童年和青少年时期,家长总是无视我们的想法和感受,让我们干这干那,总是以这样或那样的方式让我们觉得，我们的感受、需求和愿望都是不重要的，或者说次要的，而取悦他人才是头等大事，那么这种观念就会深深扎根到我们的脑海中，成年后也很难改变。再比如说，如果小时候的我们与人打招呼时不喜欢拥抱或亲吻，因为这会让我们觉得不舒服，可是家长不管这些，只是机械地教导我们，拥抱和亲吻是打招呼时的惯例，必须遵守，那么成年以后，在与他人的交往中，我们也容易违心地做一些不愿意做的事，因为我们已经习惯了要将惯例和他人的要求置于自身的需求和感受之上。

家长总是对我们进行情感勒索

"你再哭我可生气了啊。""你不这样做，爸爸就不陪你玩了。""别难过了，你这么难过把妈妈也给传染了。"如果小时候的我们总是接收到这类信息，我们就会认为表达自己的真实感受是错误的，表达悲伤或愤怒、说出自己不喜欢或不想做某件事等行为会带来可怕的后果。不仅如此，我们还会相信这些后果的发生是合情合理的。这种教育会使我们很容易受到施虐者的虐待和操纵，因为我们不相信自己有表达感受的权利，甚至还会自动将施虐者的行为合理化，认为他们这样对我们，都是我们的错。

家长教导我们，说"不"是错的

很多家长在孩子小时候总是简单粗暴地告诉孩子"应该"做什么，从来不告诉孩子为什么要这样做，孩子稍有不从，就会被责骂。这会带来两方面的影响：一方面，这会让孩子觉得说"不"是错的；另一方面，容易让孩子长大后一直不敢表达自己的想法，总是压抑自己的情绪并自我谴责。因此，我们应该反思一下自己平时是如何对待自己的，一旦发现对待自己的方式有问题，就必须重新学习，试着用健康的方式与自己相处。

如果从小时候开始，我们的感受就总是得不到重视，愿望总是没有被倾听，那么长大后，我们就很可能不懂得尊重自己的感受，也不会倾听内心的声音，问问自己真正想要什么。于是，一旦有人向我们提出要求，我们就会机械地答应下来，从来不会停下来想一想，自己是否真的想要按照或能够按照别人的要求去做。

如果你存在上述问题，必须尽快养成这样的习惯：当有人向你提要求时，先认真倾听，别急着回答，要思考几秒，问问自己是否愿意接受，或者是否能够做到，然后再做出回应。

被教导"真爱总是无条件的"

无论是受家庭中活生生的例子影响，还是拜浪漫电影所赐，"真爱总是无条件的"的观念都把我们害得不轻。

这种教导带来的伤害是双重的。一方面，这种教导让我们相信，如果爱一个人，就必须无条件地奉献自我，无论付出多大代价，哪怕是超出自己的承受范围，也在所不惜；另一方面，这种教导让我们认为，如果某人没有这样做，就说明他并不是真的爱我们。

在处理与伴侣、家人或朋友的关系时，"真爱总是无条件的"这一观念具有非常大的杀伤力。我们要意识到这种观念是不对的，并且试着改变这种观念。我们需要明白，爱不应该是这个样子。健康的爱不是无条件的，爱需要有限制，这样它才是真实的、安全的、持久的。

很多人的观念是：我的就是你的，你的就是我的，我俩的一切都是我们共有的，如果不是这样，我们的爱就不是爱。这一观念犯了一个严重的错误，那就是抹杀了每个人的独立性。在这种观念的支配下，人的空间、隐私、个人成长区、基本的需求都不见了，个体之间的独特性和差异性也被抹杀了。秉持着这种观念建立起来的关系是不健康的，也是不可能长久的。

如果你有过以上种种经历，或者受到过类似的教育，那么当你想只爱自己、照顾自己时，就很可能感到内疚，觉得自己是个自私的人。你可以回忆自己的童年以及与家人的相处方式，以及家人对自己的教育，如果与上述任何一种情况相符，那么你一定要注意，你很可能会混淆自私与自爱的定义，也很可能会以错误、不公平、过于严苛的方式评判自己。

5

让观念瓦解

01 一个真实的案例

02 治疗过程

03 重视自我满足

首先要独立思考,然后根据思考的结果来决定该相信什么。
——何塞·路易斯·桑佩德罗

01 一个真实的案例

> 玛加和卡洛斯是一对夫妻,两人一个45岁,一个48岁,他们有两个女儿。他们来找我进行心理咨询是因为婚姻出现了问题。在来找我之前,他们已经吵了好几年架了。玛加时常陷入不可抑制的暴怒之中,像个火药桶般一点就着。而且,他们已经没有任何亲密接触了。玛加恨透了自己,对她来说,女儿和丈夫是她生命中最重要的部分,她觉得自己明明为他们付出了那么多,到头来却只能看着这个家分崩离析,而这全都要怪自己,谁让自己脾气那么差,态度那么恶劣。
>
> "我无法控制我的怒气和坏脾气。我能在瞬间就无缘无故地火冒三丈,任何一点小事都能让我和卡洛斯吵起来。事后一想,自己简直蠢透了,可是太晚了,因为架已经吵了,让我后悔的话已经说出口了。我感

到很难受,我会去请求卡洛斯原谅我,可是伤害已经造成了。卡洛斯和我都是很有个性的人,都喜欢坚持自己的意见,拼命捍卫自己的想法,所以争论在我们之间算得上是家常便饭,可是以前的我们懂得相互尊重,不会冲着对方大吵大嚷。现在却不一样了。记得我们年轻的时候,每次争论时,我俩都会各自阐述自己的观点,当然也有争得面红耳赤的时候,但事后我们都会和解,一切都会成为我俩之间的笑料。而现在,一切都不一样了。而且,如今我还会把气撒在孩子们身上。对任何事,我总是很快就会失去耐心。我知道是自己太严苛了,什么话我都只想跟她们说一遍。要是她们把我的话当耳边风,我立刻就会觉得无法忍受,脾气一下子就上来了。我不想成为一个坏母亲,但我也不知道该怎么办了。"

当玛加说出"我不想成为一个坏母亲"时,她的情绪崩溃了,抑制不住地大哭起来。她在照顾家人这件事上百分之百地投入,除了工作之外,她几乎把每一秒都花在了家人身上。可是,如今她只能眼睁睁地看着家人间的争吵越来越频繁,这些争吵给家庭造成的伤害也越来越大。这些都让她感到非常沮丧。

02 治疗过程

这对夫妻第一次来访时,我从以下方面分析了他们的情况:认知,心理内部的各种驱力,沟通风格,双方在家庭中扮演的角色,以及扮演这些角色所需的信念。我发现,玛加在设定界限时会感到非常内疚。她认为,如果不把所有的时间都花在女儿们的身上,她就不是一个好母亲;如果她不能让丈夫开心,她就是一个失职的妻子。此外,她还担心家人不够爱自己,甚至将自己拒之门外。

发现了她的这些观念后,我要做的就是让它们瓦解,用更健康的观念取而代之。这样,她就可以和家人建立起更健康的关系,并扮演一个让自己觉得更舒服和快乐的角色。

在治疗的第一个阶段,我们把重点放在改变她的认知上。她需要明白,想要照顾好别人,首先需要照顾好自己。如果她不在这一点上做出改变,她的境况就不会改善。

起初,玛加的"变身计划"进行得并不顺利,因为她一想到要把时间用在自己身上而不是家人身上,就会感到内疚。但渐渐地,她找到了这种内疚感产生的原因,然后重新思考自私、自爱和对家人的爱等概念到底意味着什么。慢慢地,她的情况有了改善。

在治疗的第二个阶段,玛加需要做的是努力提升自尊水平,方法是做"找到你生活的支柱"这一练习。这是一个自省的过程，目的是发现自己的哪些需求被忽视了。为此，她还必须明白一件事，那就是欲望和需求是不一样的。

欲望是我们想要拥有某些东西，但其实我们并不认为这些东西是必不可少的，而且一般来讲，欲望不会持续很长时间（或者说不会很强烈）。需求则不然，它们更加根深蒂固，更具持久性。想要成为一个人格健全、内心充盈的人，一定要满足自己的基本需求。

通过做这一练习，玛加渐渐明白，自己在努力取悦所有人的同时却忽视了自己。这样时间久了，她就会产生一系列负面情绪，具体表现为容易烦躁、暴怒和伤心。为了不变成自己眼中的"坏妈妈"和"坏妻子"，她强迫自己为家人付出她认为应该付出的一切，但她忽略了自己的需求，从来不管自己在付出的过程中是否开心。

她终于明白，只有在不强迫自己也不忽视自己的情况下，她才能为家人奉献最好的自己，即使这意味着花在家人身上的时间会少一些，但是这样的付出质量更高。认识到这些以后，她开始做自己的事，不为任何人，只为自己。

到现在为止，困扰玛加的观念问题已经找到了，玛加的观念也改变了，是时候定下行为指南了：卡洛斯和玛加重新安排了各自的日程，以便双方能够分担家务，一起承担养育孩子的责任，并且都有可自由支配的时间。他们并没有做出太激进的改变——玛加每周只给自己留出三小时可以自由支配的时间。好消息是，她对自己的状态满意多了。现在的她更加放松，更有能力处理好家庭生活中出现的问题,对孩子们也更有耐心了。她不再是一点就着的"火药桶"了。虽然花在孩子们身上的时间比原来少了,但现在,每当和她们在一起时,她就觉得心花怒放,对她们的态度也比原来好多了。

心理咨询的效果是显著的。玛加长久以来的烦躁和焦虑都是由那些错误观念引起的,在治疗的过程中,它们终于被一步步瓦解了。她不再相信"真正的爱是无条件的""说一句'不',就等于离成为糟糕的母亲和妻子更近了一步""满足自己的需求是自私的表现",取而代之的是更健康的观念。她明白了,慷慨有时意味着自私,而自私在某些情况下恰恰意味着慷慨;总是说"好"并不会让她成为一个更好的母亲或妻子;如果照顾别人意味着忽视自己,那么她永远不会感到满足和快乐。于是,她发誓要更好地照顾自己,这样才能更好地照顾他人。她说到做到,至今依旧状态良好。

03 重视自我满足

在加强自我认识和实现自我满足方面,非常有用的练习之一就是"找到你生活的支柱"。这项练习可以帮助我们厘清自己与生活中最重要的人、事、物之间的关系,这既能促使我们对各种关系进行反思,也能使我们认识到哪些是实现个人成长的关键要素——有了它们,我们就能成为更好的自己:善良、快乐、富有同理心、慷慨、有耐心、忠诚、有韧性、顽强、坚持不懈……我认为，以上特质每个人都有，只不过当其他需求都得到满足，当我们感到能与自己和谐相处、找到了平衡状态时，这些美好的特质才会显现出来。

许多人认为把时间和精力用在自己身上是一种自私的行为，而取悦他人、满足他人的需求并放弃自己的需求，可以使自己成为更好的人。然而，他们没有意识到，感到满足、感觉良好能让人成为更好的自己，且造福身边的人，因为感到满足、感觉良好的人往往有能力把周围的人也变成这样的人。

这是因为，当我们觉得自己是个完整的人，并感到满足时，我们的态度和情绪就会有所改善。我们会成为更好的人，更加慷慨，更加积极主动，更加快乐和乐观，也会更加自信；抱怨和嫉妒会减少，烦躁和多疑会减少，偏执和挑剔也会减少；我们与人相处时会变得更具感染力。多项心理学研究表明，当一个人与快乐、乐观的人相处时，他的情绪也会有所改善，变得更加快乐和乐观。此外，我们前面已经讨论过，对待他人的方式与人自身的情绪有关。因此，当我们感到满足，对自身的需求倾注了足够多的关注时，我们的心情就会变好，对待他人的态度也会变好，这要比用消极的态度"付出"强太多。所以，别再盲目地付出时间和精力了。

正如玛加的案例告诉我们的那样，有时我们能为他人做的最好的事，就是变得自私一点，花足够多的时间来实现自我满足，这有利于我们以更积极的态度对待周围的人。过度的利他有时就等于自私，因为这实际上是一种自我感动，觉得自己在为他人付出的过程中成了一个更好的人，自己因此变得更有用、更值得被爱了。可在这个过程中，施予者的情绪可能是消极的，因为他为了那个"伟大"的目标而忽视了自己。

从现在起，我们都要学会关照自己，踏上实现自我满足的道路。不要觉得自己自私。我们必须时刻提醒自己，把下面这句话当成口头禅，不断对自己重复：关照自己就是关照他人。这样一来，"优先考虑自身"这一做法就被赋予了全然不同且更为积极的意义。这不仅将改善我们的生活，也将改善我们周围人的生活。

6

如何面对内疚感

01 引发内疚感是一种控制手段
02 理智与情感
03 我们的朋友：挫折

选择比天赋更重要。
——杰夫·贝佐斯

01 引发内疚感是一种控制手段

前面谈到过，成长过程中受到的家庭教育以及社会环境的影响等因素，都可能让我们在设定界限和说"不"时习惯性地产生内疚感，就好像我们没有权利这样做，想要尊重自己的界限和感受就是在伤害别人、违背道德准则一样。

引发内疚感是一种强大的控制手段。和受教育程度较高的人比起来，受教育程度低的人更容易被恐吓和操纵。这是因为受教育程度低容易让人缺乏批判性思维，而没有批判性思维，有些东西就很难分辨。

在人际交往方面也是这样。情商低通常意味着缺乏情绪管理能力和社交技巧，容易受到外界影响，这会导致一个人更容易被利用和操纵。对情商低的人来说，当有人恐吓他们、怪罪他们时，他们很难找到合理的反抗办法。有时，他们可能都没意识到对方的做法是不对的。

为了避免被操纵，我们需要想办法提高情商。这样一来，我们就更有可能敏锐地察觉到有人试图操纵我们，然后赶快避开。

下面就让我们聊一聊内疚。内疚可以分为两种。

（1）合理的内疚

例如，在确实犯了错、违反了规则或道德准则时产生的内疚感，这种内疚感的强弱与对他人造成的伤害大小或危害大小成正比。这种内疚感可以让我们为自己的行为承担责任，使我们从中吸取教训、改正错误，防止类似的情况发生。也就是说，它可以促进个人成长。

（2）不合理的内疚

例如，在没有犯任何错误、造成任何伤害或违反任何道德规范及准则的情况下产生的内疚感，这种内疚感的强弱与我们的行为导致的后果没有太大的关联性。这种内疚感不是建设性的，而是破坏性的，因为它会对我们的自尊水平和自我认知产生负面影响。

分析我们的内疚感属于哪种类型，有助于提升情商。提升情商有两方面的好处：第一，有助于我们免受操纵；第二，让我们有能力质疑一些有害的观念，正是这些观念让我们对有害的关系倍加依赖，总是把一切错误都揽到自己身上，并且严厉地进行自我批评。

想要知道自己的内疚感属于哪种类型，可以先问自己两个问题，这将帮助我们清楚地了解"我有罪"的看法是否公平、合理：

（1）我为什么感到内疚？

（2）我侵犯到别人的权利了吗？

这两个问题虽然简单，但很有用，因为它们能引发一系列的思考，让我们看清让许多关系得以持续存在的动力是什么，看清我们的很多行为是不是源于内疚：是不是因为感到内疚，才在想说"不"时却说"好"？是不是因为感到内疚，才对伤害我们的人敞开怀抱？是不是因为感到内疚，才任由自己的界限任人跨越，权利被人无视？

在自问自答的过程中，我们会不可避免地进行反思，例如：我是不是一直在因为不应该内疚的事而内疚？既然我的行为没有造成任何伤害，那么我是否有必要道歉呢？我之所以感到内疚，是不是因为我被操纵了？另外，我们还可能意识到自己的问题所在，例如：我让某人感到内疚了，这样做是不是不太公平？我生气到底是因为对方的行为真的侵犯了我的权利，还是说我仅仅因为自己没了特权就气急败坏了呢？我是因为对方的所作所为而生气，还是因为被拒绝而生气？

一个问题的答案常常会引出其他问题。由此一来，我们就会不断加深自我认识，逐渐学会管理自己的情绪，并逐渐理解他人的情绪。我们的韧性、自控力、对挫折的耐受力，以及对自己和他人行为的判断力都将在这一过程中得到提升。这一切可以让我们在设定界限和接受他人的界限时更加从容自如，有利于我们建立优质、健康、平等的人际关系。

第60页中有一个示例，我用思维导图的形式展示了这一思考过程，仅供参考。

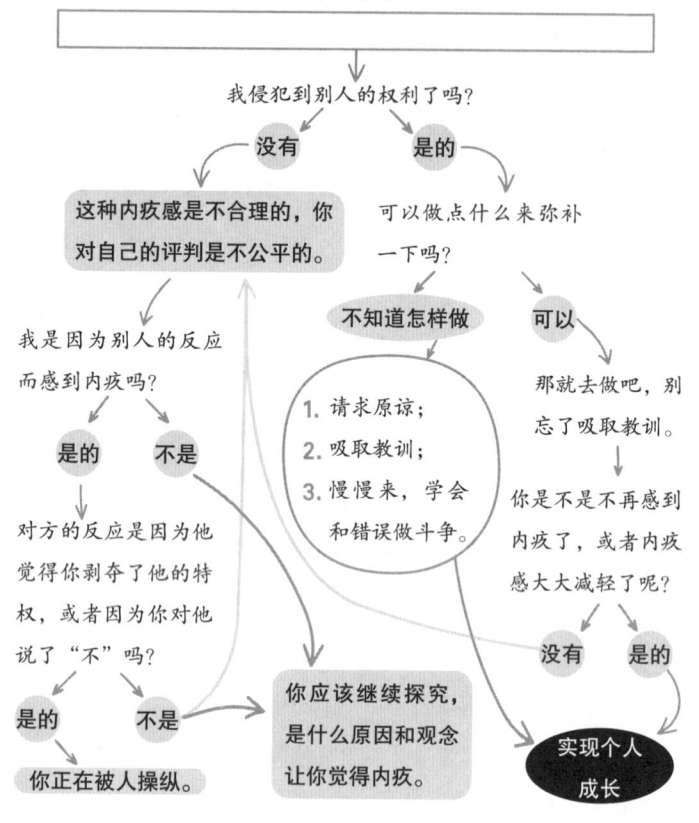

```
                    我为什么感到内疚？
    ┌─────────────────────────────────────────┐
    └─────────────────────────────────────────┘
                           ↓
                  我侵犯到别人的权利了吗？
                  ↙                    ↘
                没有                    是的
                 ↓                       ↓
         这种内疚感是不合理的，你      可以做点什么来弥补
         对自己的评判是不公平的。      一下吗？
                                      ↙        ↘
     我是因为别人的反应              不知道怎样做      可以
     而感到内疚吗？                      ↓            ↓
        ↙     ↘                  ⎛ 1. 请求原谅；⎞   那就去做吧，别
      是的    不是                ⎜ 2. 吸取教训；⎟   忘了吸取教训。
       ↓                          ⎜ 3. 慢慢来，学会⎟       ↓
     对方的反应是因为他            ⎝   和错误做斗争。⎠   你是不是不再感到
     觉得你剥夺了他的特                                  内疚了，或者内疚
     权，或者因为你对他                                  感大大减轻了呢？
     说了"不"吗？                                         ↙        ↘
        ↙      ↘                                       没有       是的
      是的     不是            ┌──────────────┐           ↓          ↓
       ↓                      │你应该继续探究，│
     你正在被人操纵。          │是什么原因和观念│        ┌─────────┐
                              │让你觉得内疚。  │        │ 实现个人 │
                              └──────────────┘        │   成长   │
                                                      └─────────┘
```

02 理智与情感

　　法国哲学家帕斯卡曾经说过："心灵世界自有其理，非理智所能企及。"通常，我们能明白自己为什么会有某种感觉，有时也知道这种感觉是不应该有的，可是我们就是无法让这种

感觉消失。

以内疚感为例。我们或许可以清楚地认识到是哪些错误观念让这种感觉持续的,也知道为什么不应该感到内疚,可即便如此,我们还是无法摆脱内疚感。了解理论并不意味着在实践层面一定能获得提升。这正是心理治疗的难点所在：不仅要讲道理,还要讲感觉。这是理智与情感之间的斗争。我们知道应该爱自己、重视自己,但这可能不足以让我们能够时刻爱自己、重视自己；我们知道不应该被他人的意见左右,可是受到批评时,我们依然会感到难过；我们知道不应该因为设定界限而内疚,可是当我们这样做时,内疚感依然不会缺席。

究其原因,还是和脑内部的构造有关。在我们的脑中,每个部分都有自己的职责。前额叶皮质是大脑负责高级认知活动的脑区,在决策、自控等较高层次的功能中起着重要的作用。而边缘系统的主要功能之一是调节人类的情绪行为。除此之外,边缘系统还会参与学习、记忆与认知。边缘系统到前额叶皮质的信号通过脊髓和自主神经系统传递,传递速度可达前额叶皮质进行理性决策速度的数倍,这是因为边缘系统中的杏仁核会通过丘脑的快速通道向腹内侧前额叶皮质发送原始情绪信号,优先触发行为反应,而前额叶皮质对边缘系统的反向投射以抑制性调控为主,信号传递效率较低。

这就是为什么在认知行为疗法中,治疗师常常通过让患者改变认知来矫正患者的心理障碍,改变其行为问题。这样的治疗需要一而再再而三地重复,目的是充分强化从前额叶皮质到边缘系统的投射,以此来弥补其与反方向投射之间的差距。

希望有一天,神经科学的从业人员能够找到一种方法,让前额叶皮质与边缘系统正向和反向的投射更平衡,这有利于人们避免可怕的"内部冲突"——顺便说一句,还能节省心理治疗费用。

03 我们的朋友:挫折

提高情商对提升多种能力都有很大帮助,其中之一就是抗挫折能力。任何学习和改变的过程都离不开这种能力,因为在这些过程中,我们难免一次又一次地犯错,错误甚至可能多得数不过来,多到让我们崩溃。因此,从一开始,我们就应该把挫折当成旅伴,和它们一起走向旅程的终点,也就是目标达成之际。这样,我们对挫折的容忍度就会提升,跌倒了也可以很快爬起来,继续前行。

想要学会写作,我们就得动笔;想要学会走路,我们就得迈步向前;同样地,想要学会设定界限,我们也得行动起来。没有其他办法。同理,一旦知道如何审视并抛却内疚感,就必须把理论付诸实践。虽然刚开始的时候依然会感到内疚,但别怕,这是正常的,告别不应有的内疚感需要一个过程,心急只会让人变得沮丧。

正如我们之前提到的,理智与情感并不总是统一的。在尝试摆脱内疚感的道路上，让理智和情感统一的尝试可能会失败很多次，但是，这些失败是有价值的。事实上，要想迎来质的改变，就必须经历这些失败。只有这样，我们才能提升对内疚感的容忍度，同时降低对它的敏感度。我们要相信，尝试几次之后，内疚感就会逐渐减轻，直至（几乎）完全消失。

这和试图养成一个新习惯（如坚持运动）时的情况差不多。如果平时没有运动的习惯，那么刚开始运动时往往会觉得非常累，稍微一运动就浑身酸痛，运动后也看不出明显的效果。如果期待运动几次就觉得自己的体力和运动能力显著提升，或是期待不需要付出多大的努力就能像职业运动员那样游刃有余，那只能说这些愿望太不切实际了。这些愿望非但不可能实现，还会让人成为逃兵。但是，如果从一开始就知道并接受，这将是一趟布满荆棘的旅程，由于缺乏经验，我们将很难达到自己想象中的水平，而且很多时候，我们会觉得自己懒得出奇，连从沙发上站起来、摆好运动姿势都要挣扎好久……如果能这样想的话，我们就会明白实现目标的难度确实不小，也就能接受目标很难立马实现的现实。

对于界限，我们需要重新去定义，要用开放的思维去替代狭隘的认知，也需要设定和尊重。在此过程中，我们必须牢记一个道理：我们需要一遍遍地用不同的方法尝试、行动、思考。只有这样，我们才不会觉得这样或那样的方法奇怪或别扭。也就是说，经过一次次尝试，"设定界限"终将变成一套标准化、自动化的进程，自然而然地融入我们的生活。

7

"有毒"与否，
全看"剂量"

01 找到全部拒绝与全部接受之间的平衡点
02 警惕"天真心理学"
03 警惕认知偏差

保持平衡的关键在于懂得取舍。

——西蒙·西内克

01 找到全部拒绝与全部接受之间的平衡点

生活在15、16世纪的P.帕拉塞尔苏斯是一位备受争议的人物，他是文艺复兴时期瑞士的医生、自然哲学家、炼金术士和社会伦理学家。他将医学与炼金术结合，主张以临床经验来学习医学。经过多年的实践，他得出结论：所有物质都是有毒的，没有什么东西不是毒物，毒与药的区别在于剂量。

在设定界限这个问题上，"有毒"与否也要看"剂量"：我们必须在全部拒绝和全部接受之间找到一个平衡点。

有些人在设定界限时，坚持"要么全有，要么全无"的僵化立场，这种做法显示出了他们对界限的误解。

尊重自己的权利、对他人说"不"、满足自身需求，和与人为善、维护与他人的情谊并不矛盾。很多时候，我们想要让所爱之人开心，想要表现出善意，想要给予所爱之人陪伴，就认为自己委屈一下也没什么，毕竟，能拥有一段和谐的关系才是最重要的。这当然是一种表达关心和爱的方式，有助于改善与他人的关系，有时候也能让自己感觉良好。但想要拥有一段健康的高质量的关系，必须在关心他人的同时不忘关照自己，因此，找到两者之间的平衡点显得尤为重要。然而，找到适当的"剂量"绝非易事，这取决于我们的情商、倾听自己和他人想法的能力、对自身感受的接受能力、共情能力、变通能力，以及判断一件事重要与否的能力。

找到平衡点的方法之一是设置阈值。下面我们来看一个简单的例子，了解一下阈值是怎么回事。

请想象这样一个场景。有一位同事问你，周五下午能否替他值班。这时候，你的大脑开始做思想斗争：一边是同事情谊，另一边是工作了一周后亟须休息的身体。也就是说，你在满足他人的需要和满足自己的需要之间犹豫不决。遇到这种情况时，就可以尝试设置阈值。你可以问自己一些问题，目的是评估自己有多想、多愿意做这件事，以及这样做会给自己带来多大的伤害。回答每个问题时，采取打分的方法，最低0分，最高10分，然后设置一个阈值（6分或7分都可以），由此来决定是否接受对方的请求。比如针对上述情况，你可以问自己如下问题：周五下午替别人值班需要付出多大的努力？自己现在有多累？最低0分，最高10分。要如实回答。如果答案的平均分低于6分，可以考虑帮忙；如果高于6分，就说明帮这个忙对你来说太强人所难了，应该考虑拒绝。

当有人向我们提出请求时，问自己问题、打分、设置阈值的做法可以让我们学会倾听内心的声音，避免机械地说"好的"。除此之外，我们至少还需要进行以下三个方面的思考，以便对之前的结论进行调整：

第一，评估一下向我们提出请求的人。

例如：这个人平时对我好吗？他和我是什么关系？我平时求他帮忙时，他是如何回应的？

第二，评估一下对方提出请求的频率。

例如：他只是偶尔向我求助，还是已经养成向我求助的习惯了？

请记住，当一个人连续三次帮助另一个人时，被帮助的人就会形成一种思维定式，认为接受对方的帮助是自己的权利，对方帮自己是在履行义务。也就是说，被帮助的人已在脑海中给双方分配好角色了。为了避免这种情况发生，建议永远不要连续三次答应同一个人的请求。如果实在无法拒绝，也要在帮忙的时候告诉对方，帮忙归帮忙，但帮他既不是自己的责任，也不是义务。

第三，评估一下对方请我们帮忙的原因。

例如：这件事是很重要还是无关紧要？对方求我帮忙是因为这件事他确实没办法完成，还是他想偷懒？

进行以上三个方面的思考，有助于我们根据具体情况做出合适的回应，在全部拒绝和全部接受之间找到平衡点。

一般来说，在心理治疗的过程中，患者进行到这一步时，一开始会觉得非常困难，因为这种思考方式并非他们习惯的方式（正因如此，他们才需要改变）。但是多次重复这样的思维训练之后，一切就会变得容易多了，因为人的思维方式具有可塑性，人可以通过不断重复做一件事，来改变大脑中神经元间的连接，建立新的神经通路，从而使以上思考过程逐渐自动化，直至成为一种习惯。

这一过程到底是如何进行的呢？用开车来类比一下，就比较容易理解了。

大多数会开车的人拿到驾照后第一次独立开车时会很紧张，因为需要注意的东西实在是太多了：要观察周围环境，发动车，踩刹车，切换挡位；转弯时得先打开转向灯，然后看看后视镜，同时手还得一直把着方向盘，控制车子的前进方向……一开始，同时做这么多事需要耗费很大精力，可是开过几次之后，大多数人就可以不假思索地完成一系列动作了。这是为什么呢？因为经过多次实践后，大脑中建立起了新的神经通路，它们会一点点变强，最终让开车的一系列动作变得基本"自动化"。

每当我们通过不断重复练习来学习某种新东西（可能是新的舞步、新的绘画技巧、新的语言）或养成新习惯时，新的神经通路就会建立。随着时间的推移和错误的积累，这些神经通路会得到强化，一开始对我们来说难如登天的事，最后我们都可以自如地完成。

我们掌握新的思维方式或做事方式时也会经历这样的过程，一开始需要花费很多时间来思考，还可能感到别扭或不适，但当我们重复了一定的次数时，我们就能几乎不假思索地完成整个流程了。

02 警惕"天真心理学"

拥有良好的自尊水平，可以让我们不需要得到他人的认可也能坚持自己的做法。如果我们能够充分相信并重视自己的观点，在面对他人的看法时，就能多一些坚定，少一些动摇。当然，人是社会性动物，每个个体都需要感受到自己归属于某个群体，也就是说，每个个体都需要对某个群体有归属感。

从地球上出现智人以来，群体的重要性始终不容忽视。有了群体，人类就能通过合作建立关系网，应对各种挑战，保障自身的生存安全。如果一个人不被任何一个群体接受，那么他的生活将陷入很大的困境。

如今，尽管我们的生活一直在改变，但很多东西是不变的。比如，尽管我们不再需要与凶猛的动物竞争生存资源，但我们仍然需要通过获得群体的认可并成为其中的一部分来获得归属感。不过，虽然对归属感的需求是与生俱来的，但每个人对此的需求强度是有差异的。因此，我们有必要看看自己的这种需求有多强烈，并找到一个平衡点，让自己既有归属感，又不至于为了有归属感而忽视其他感受或需求。

如今，网络上有这样一种有些"天真"和"乐观"的观点：他人的行为和言语对我们的影响完全受我们自身控制。在这里我用"天真心理学"来指代这种观点。我认为，这一观点忽视了人的社会性以及需求。人不仅是一种自然存在物，更是一种社会存在物，人不仅有生理需要，还有种种社会性需要。人总是隶属于某一群体或组织，人的生存和发展离不开社会。

我们每个人都有"寻求认可"的心理，这是人的天性。我们既不应该盲目乐观，相信自己有能力战胜这种天性，也不应该为了寻求认可，而对令人不快的行为和言语一忍再忍，因为这将不可避免地令自己陷入巨大的痛苦和挫败感之中。我们应该记住以下三件事。

第一，承认自己的需求，这是一切的基础。我们应该大大方方地承认，我们需要得到他人的认可，只有这样，我们才能调节需求的强度。

第二，学会区分哪些事情在我们的控制范围内，哪些不在。学会接受有些东西并不取决于我们（比如他人的情绪或意见），这样就可以将精力集中在我们能控制的事情上（比如，依照自己的原则行事，同时也尊重别人的原则）。负不了的责任就不要负。

第三，决定自己的"小组成员"。我们不需要得到每个人的认可（如果发现自己有这种需要，就要改变一下了），得到我们觉得重要的人的认可就够了。好好想一想，我们到底需要得到哪些人的认可，是不是一定要得到这些人的认可，还是可以换一些人，把时间和精力投入更令自己愉快的关系中。

以上三件事会促使我们主动做出决定，来满足自己在情感和情绪上的需求。应该时刻提醒自己：我有权设定界限，要是某段关系让我受伤了，那就跟这段关系说"拜拜"。

这些行为都是爱自己的表现。那些诸如"只要我不同意，就没人可以伤害到我"之类的想法，在特定情况下是适用的，但请一定要保持警惕，不要以为这类想法对所有情况都适用。比如，当有陌生司机坐在他的车里对我们说出令人不快的话时，这种想法可能适用，但如果有同事每天都用怠慢或轻蔑的态度与我们交谈，那么这种想法就没什么用了。

这是因为，在第一种情况下，我们与那个司机之间不存在长久的关系，他对我们恶语相向是一个偶发事件，我们大概率再也见不到那个人。因此，在这一情境下，"保持天真"对我们有用，因为这样做可以让我们不会被那个人的行为影响。

然而，在第二种情况下，我们与这些伤害我们的人保持着工作关系，并且可能每天都得和他们互动，这意味着我们会经常受到伤害。在这种情况下，想让我们的情绪和自尊水平不受影响可就没那么容易了。

面对第二种情况时，如果不主动出击，制止对方的行为，我们就很容易被悲伤、愤怒、羞辱感、焦虑等负面情绪淹没。这并不能说明我们软弱，因为有这些感受意味着我们是拥有健康大脑的人类，说明我们的前额叶皮质、边缘系统等都在工作。如果面对上述情况时没有任何感觉，就表明我们的理智和情感是脱节的，也就是说，我们的大脑很可能出现了问题。

因此，我们要明白，没有被善待时感到不快是正常的，这种反应不仅是健康的，还是有用的，因为它能推动我们设定界限以进行自我保护。

此外，如果将"天真心理学"的那一套不分青红皂白地应用到所有的情境之中，就会面临一个巨大的危险：明明已经因为受到伤害而产生了一些不良情绪，还会因此而自责。这种自责的感觉会比被伤害还要糟糕，因为这会让受害者觉得自己很无能，连情绪都控制不了。这是一种双重的不公正：受害者一方面因为受到了伤害而痛苦，另一方面又不去追究他人的责任，反而把错都归咎于自己。

我们必须承认，生而为人，我们必定有脆弱的一面。我们不可能时刻都坚韧、冷酷、所向披靡，我们是脆弱且情绪化的人，我们需要得到关心，需要被接纳和认可。

人与人交往时，言语和行为必须以"尊重"二字为准则，如果某一方没有做到，那么错的是他，而不是另一方。因此，如果有人不尊重我们、伤害我们或跨越了我们设下的界限，我们的情绪受到影响是再正常不过的事。无须觉得这是因为自己不够强大，因为这本来就是那个伤害我们的人的责任。

接下来出场的这位名叫桑德拉的姑娘就是一个完美的例子，她曾经对"天真心理学"那一套深信不疑。

桑德拉是我的一位来访者，向我寻求帮助时她 32 岁。她和姐姐帕特里夏的关系一向非常紧张。在她们小的时候，每当受到帕特里夏的侮辱时，桑德拉就会开始哭，这时她们的父母就会说："得了！别傻了，你姐随便说一句话你就这样，太小题大做了！"后来，到了青春期，桑德拉在学校被霸凌了。在老师的建议下，她的父母带她去看学校的心理医生。在咨询过程中，医生向她解释道："很多事情都是这样，只有当你允许它影响你时，它才会影响你。"

在给桑德拉做心理咨询期间，这个医生没有想办法提高桑德拉的自尊水平，没有教她如何设定界限，没有告诉她做得不对的是她的同学而不是她，也没有告诉她受到尊重和对霸凌说"够了"是她的权利。桑德拉的老师也没有找霸凌桑德拉的人谈话，告诉那些人霸凌行为对桑德拉的心理和情绪产生了怎样的影响，没有试图培养那些人的同理心，没有向他们解释什么是尊重，也没有提醒他们"己所不欲，勿施于人"。

一切的一切都没有发生，只有桑德拉默默承受了一切。她开始深信：如果一件事影响了自己，那一定是因为自己给它亮了绿灯，责任全是自己的。在这种想法的影响下，多年来，她任由自己被姐姐、同事、朋友和伴侣等"花式伤害"，一个人默默地忍受着一切，还试图让自己变得"更坚强"。她认为自己没有权利对那些不尊重她的人设定界限，或命令那些人与自己保持距离。无论其他人的行为有多么恶劣，对自己造成了多么严重的伤害，她都觉得自己只能接受。她的生活，就是不断地转过脸去，等着挨别人的巴掌。

在我这里接受了一段时间的治疗后，桑德拉渐渐明白，她有能力和权利做出决定，她可以选择不再与那些伤害她的人保持联系。她明白了，在让自己受伤的人际关系中，自己没有必要像战士一样留在前线，自己可以说"够了，停止吧"。这样做并不会让她成为一个软弱的人，而是会让她成为一个懂得自爱的人。

03 警惕认知偏差

认知偏差是指我们在处理信息、判断与决策的过程中，由多种原因导致的错误。一旦认知事物的方式出错，我们的行为和决策都会受到影响。

认知偏差有多种类型，其中常见的一种是绝对化思维模式，即认为事物非黑即白、非好即坏。这种思维模式极大地限制了一个人的思维能力，使人无法从多种角度思考问题。

在设定界限时，我们也要警惕这种绝对化的思想。我们要明白，并非一切都取决于我们自己，也并非一切都取决于别人。

明白了这一点后，我们就可以采取很多办法，来让自己不过度依赖他人的认可，并确保他人的行为和言语不会对自己造成太大影响，例如：在一味付出却不被珍惜时及时撤离，努力治愈遗留下来的情感创伤；换一种方式来解释周围发生的事情，不让自己过于敏感；等等。然后，我们还可以试着设定界限、做出选择，比如，选择和哪些人保持联系，避开哪些人，并且明白这是自己的权利，没什么好内疚的。

有时候，尽管我们尽了自己最大的努力来试图让一段关系保持健康，却还是无法如愿。此时，就应该快刀斩乱麻了：要么重新评估双方的需求和界限，然后进行协商；要么保持距离，直接说"拜拜"。不论怎样，请牢记一点：在一段关系中，最关键的是要明确双方的界限。

8

界限要设在哪里

01 确定界限
02 不可协商的界限
03 可协商的界限
04 是损失吗？并不是，你赚到了！

自由乃意识之觉醒，它在某些关键时刻引导我们发出两种声音："是"或"否"。

——费尔南多·萨瓦特尔

01 确定界限

到目前为止，我们已经讨论了什么是界限，什么是优质关系，我们对界限的认识以及人际关系是如何影响我们的健康和生活的。现在，我们终于迎来了最为重要的一步：确定我们的界限在哪，并且学会将我们的界限告知他人。

很多时候，我们的行事方式与另一个人的完全不一样，但这并不意味着这个人就是坏人。在一段失败的关系中，并不一定存在一个罪魁祸首、"自恋狂"或精神病患者，一段关系之所以无法维持，也许只是因为两个人就是无法和谐相处。我们需要做的是承认这一点，以便做出对双方都好的决定。每个人都有自己的需求和底线，这些需求和底线没有好坏、对错之分（在不触犯法律的情况下），只是每个人在乎的东西不一样而已。

界限不应该被评判（无论是他人的还是自己的），而应该被尊重和接受。如果一个人的界限与我们的相似，那么我们可能可以与他保持良好的关系；如果两个人的界限无法兼容，那么我们也有权选择不与之维持关系。当然,以上做法对双方都是适用的,也就是说,如果对方不能接受我们的界限,并决定不再与我们交好,那么我们也必须尊重并接受对方的决定,因为这是对方的权利。

为了确定自己的内在准则和界限,我们要运用自己手握的两个非常强大的工具——情绪和自我认知。情绪将充当我们的指南针,告诉我们某件事是令人愉快的还是不快的,而自我认知能够让我们为这种情绪赋予更深刻的意义,从而更好地确认自己的界限并理解界限的价值。

情绪的基本形式包括快乐、恐惧、悲伤、厌恶等。在这四种情绪中,只有一种是正面的,其他三种都是负面的。这可能是因为,我们的大脑更愿意告诉我们,对我们来说哪些东西是危险的、令人不快的,以便让我们远离它们,而不是告诉我们哪些东西是令人愉快的。如果我们想消除所有负面情绪,就意味着把所有危险警报都屏蔽掉,这就好比身上揣着一个坏掉的指南针就去探险一样。因此,我们必须给负面情绪留一些空间,并对所有的情绪都予以关注。

在确定了自己的界限之后,我们需要学会分清界限的两种类型:一种是不可协商的,也就是任何情况下都不允许被逾越的;另一种是可协商的。对待后者,我们可以灵活一些,根据具体情况调整。

02 不可协商的界限

不可协商的界限是非常重要的，它可以在身心两个层面带给我们安全感，也是维持一段关系所必需的。这种界限与我们的需求、价值观、原则和尊严有关。

尽管每个人的界限各不相同，但有一些不可协商的界限应该是大家普遍认同的，例如：不能对他人施加身体或语言暴力，不能侵犯他人的自由或权利，以及与人交往时要相互尊重、真诚待人。如果有人想要逾越不可协商的界限，我们绝对不能退让，也不应该坐下来和对方协商（无论对方找什么借口），要立刻表现出不满和坚决抵制的态度。

只有明确辨别出哪些界限是不可协商的，并始终保持坚定的立场，才能让界限的设定行之有效。而且，一旦知道了哪些事情对我们来说是真正重要的，我们就能够更加灵活地处理那些不那么重要的事情。

03 可协商的界限

对于可协商的界限，我们可以用更加灵活的方式对待，因为尽管它们是以我们的偏好和愿望为基础设定的，但一点点让步不会威胁到我们身体或情感的完整性，也不会伤害我们的尊严。因此，明确哪些界限是可协商的能够为我们提供一些空间，以适应他人的界限，从而让我们的人际关系维持在一个相对稳定的状态。

当两个人的可协商界限不兼容时，双方可以坐下来协商，直至达成共识。

想要设定界限，可以按照下面三个步骤来做。

第一步，花一些时间来思考自己的可协商界限和不可协商界限分别是什么。

请记住，在某些方面不灵活会让我们在其他方面变得灵活。想要找到维持一段关系的密码，要学会求同存异。

第二步，识别出那些不尊重我们的界限，或者让我们很难说"不"的人。

为此，我们需要把自己的各种人际关系都分析一遍，包括那些最亲密的关系，看看和哪些人交往时我们觉得设定界限是一件困难的事。在这个过程中我们会发现，和某些人在一起时，我们总是很难捍卫自己的权利，这要么是因为他们善于操纵我们，要么是因为他们总是把自己的意愿强加在我们身上，让我们忘记了自己也是有权利的。识别出这种人，可以让我们未来遇到某个类似的家伙时，很容易就能看透他的本质。

例如，如果我们在一个父亲很专制的家庭环境中长大，那么一个能让我们联想到父亲的人物（一个比我们年长、性格强势、说一不二的男人）可能会让我们感觉自己很渺小，很难果断地向其表明我们的界限或拒绝他的请求。

还有这样一种情况：我们自己会觉得尊重一些人的界限比

尊重另一些人的界限要容易一些。如果在分析过程中遇到这种情况，要停下来，问问自己是否在无差别地尊重别人的权利，无论别人是否要求我们这样做，我们都要这样做，这应该是自发的举动，和对自己的道德要求有关。这是非常难的自我认知练习之一，因为完成它需要很强的自我觉察能力，更重要的是，得有谦逊诚实的品格。

第三步，找出让我们觉得难以设定界限或说"不"的具体情况。

前面提到过，总有一些人让我们很难将界限或拒绝的话说出口。那么同样地，在不同情境之下做同样的事，难度也会有差别。例如，当我们置身于一个群体中，其他人都同意做某件事（不论是真心同意还是因为群体压力）或对某几个人给出负面评价时，我们想要提出相反的意见就会很困难，因为这显然比在一个人面前提出相反意见要复杂得多。找出让我们觉得最难设定界限的情况之后，我们就可以更多地关注它们，并预先制订解决方案。

04 是损失吗？并不是，你赚到了！

事实上，当我们为他人设定界限时，我们也在审视自己，明确哪些情况是自己能容忍的，哪些情况是自己绝对忍不了的。这些感受只和我们自己有关，我们必须采取相应的行动来照顾自己、保护自己、尊重自己。这意味着有时候，我们必须做出可能让自己痛苦的决定，比如远离某个人，或者与某人彻底决裂，但这对我们的心理健康和幸福来说是必要的。

想象一下下面这个情境。假如你拥有一家食品店。创业之初，为了让小店立足，你决定每天工作18小时。一年后，你已经有了稳定的货源、顾客群和收入，但此时的你感到筋疲力尽。于是，你决定减少工作时间，因为你无法一直这么高强度地工作，而且这样工作还会挤占你与伴侣和孩子在一起的时间。于是你贴出告示，宣布缩短营业时长：从现在开始，本店每天的营业时长从原来的18小时改为12小时。然后，你发现你的顾客大致可以分为两类：一类同理心较强，对你的决定表示理解；另一类则没法对你的处境共情，还会因为你的决定而生气。第一类顾客中的大多数仍然会从你这里购买食品，一小部分人则因为自己的空闲时间与你的营业时间相冲突而停止光顾，但这不会影响他们继续向他人推荐你的店。第二类顾客中，有一些顾客尽管一开始很生气，但最终还是会接受这样的事实：你也是人，也和他们一样，需要休息。所以他们还是会从你这里购买食品。剩下的一部分顾客则一直不能接受你的做法，决定再也不从你这里买东西了，更有甚者，还对你进行攻击，认为你的做法是不对的。最令人讨厌的顾客就是最后这一部分人——在服务行业工作过的人肯定都遇见过，这种人的存在有时会让人想大喊大叫，或者放声大哭。他们时常对服务人员态度轻蔑，要求过于苛刻。出于某种奇怪的原因，他们不觉得应该对服务人员表现出哪怕些许尊重,并且表现得好像服务人员生来就该为他们服务一样。相信我,拥有这类顾客对你一点好处都没有,所以失去他们并不是损失,反而是一种收获,这就叫"塞翁失马,焉知非福"。

处理人际关系时也是同样的道理,有时,失去本身就是一种收获。虽然这句话听起来很矛盾,而且失去一开始会让人很痛苦,但我们需要学会放手,远离那些不懂得尊重我们的界限、没有共情能力的人。你必须接受一个事实,那就是你不可能和所有人都相处得很好。有些人对你很差劲,和他们相处得好意味着你没办法保护好自己,没办法照顾自己的情绪,也没办法诚实地面对自己。我们需要把自己的心理健康摆在首位,无论和谁交往,都要保证这段关系不会导致自尊水平降低。不牢记这一点,就意味着给他人亮绿灯,将自己置于危险之中。

因此,当我们开始设定界限时,有一些"损失"是很正常的,但我们可以把设定界限看作一次"大扫除",它可以让我们的社交环境变得干净,不再乌烟瘴气。一开始我们可能会觉得很痛,但伤口最终会愈合。

不过,"大扫除"后最常见的情况是,大部分被"清除出场"的人需要一些时间来理解和适应我们的做法,这些人通常在与我们的交往中自以为有特权,可是这种特权只存在于他们的臆想中,根本没经过我们的同意。起初,他们可能会因为我们的改变而不安、困惑,甚至会很生气,并责备我们说"你变了,不像以前那样了"。

好吧，这正是我们想要的。

经过一段时间的适应和反思，那些以健康的方式爱着我们的人，无论是否能够真正理解我们，都会对我们的界限予以接受或尊重，或者试图与我们协商。当然，也会有一些人仍然执迷不悟，甚至加以反抗。

因此，我们需要做好心理准备，在设定界限的第一阶段，免不了要受人指责，也见不到多少好脸色，但这是我们必须经历的，我们需要"咬定青山不放松"。只要坚持足够长的时间，很多人最终是会适应的。毫无疑问，这是最艰难的阶段，但等到我们跨过这片荆棘之后，就会发现前方是一片坦途。

9

自我肯定
和
沟通风格

01 什么是自我肯定
02 如何才能成为"自我肯定者"
03 沟通风格
04 自我肯定的根基

我们为改变自身所做的一切,恰恰塑造了我们自己。
——爱德华多·加莱亚诺

01 什么是自我肯定

一般来说,自我肯定的沟通风格可以理解为,在表达自己的情绪、观点和想法,维护自己的权益时,能够既尊重自己的情绪,又尊重他人的情绪。采用这种沟通风格的人往往自信但并不自以为是。在沟通过程中,他们足够坦诚,却又不咄咄逼人、带有攻击性;足够友善,却并不一味顺从。

以上解释只涉及人际交往方面,我们可以说它是自我肯定的第一个层级。自我肯定还有第二个层级:成为一个"自我肯定者"。这一层级包含更多的技能和结构化的东西。自我肯定是一种态度,一种与他人、与自己相处的方式,一种行事方式,一种自我觉察的方式。要知道,诚实、尊重他人等品质不仅会影响我们的思维方式,还会影响我们的行为和感知方式。

因此,我们必须清楚,待人接物时的自我肯定和成为"自我肯定者"是有差别的。前者只涉及沟通层面,后者则涵盖了行为方式、思考方式和感知方式三个方面。

02 如何才能成为"自我肯定者"

"存在"总是比"行为"复杂得多。不过，正如"我们的决定，决定了我们"，我们的"行为"，在某种程度上塑造了我们的"存在"。

最能影响和塑造我们存在方式的要素之一便是我们的沟通方式。语言作为交流的主要工具之一，在与人交往的方式、理解方式，以及塑造现实的方式等方面都扮演着至关重要的角色，它与个人和社会生活的方方面面都息息相关。

语言是一种强大的工具，它能够通过命名、描述和解释来塑造我们对现实的理解和认知。通过给某物命名，我们就在某种程度上赋予了它存在的意义和身份；通过调整对某一事物的描述和解释，我们可以改变人们对该事物的理解和评价，甚至可能颠覆人们原有的认知。正因如此，很多人进行社会斗争，以期改变文化和社会中某些根深蒂固的观念时，都会充分利用语言的力量，因为它是促进大众观念和认知变化的有力武器之一。这样做的目的是让大众意识到，有些东西已经在不知不觉中被视为"正常"了，比如一些态度、行为、传统以及言论，但事实上，它们中有很多存在了很久的"毒瘤"。

调整或转变众多个体的语言表达方式，能够在一定程度上影响并塑造集体的认知与想象，进而深刻地影响社会对于现实的理解与界定，从而推动思想观念的更新、文化的演变乃至社会结构的变迁。

同样，个人在培养新技能、养成新习惯时，调整语言表达方式也是一种非常有效的策略，这样做会引发多米诺效应：在心理层面及人际交往方面，引发一系列越来越深入、越来越复杂的变化，如对自我认知的变化、思想的变化，等等。

03 沟通风格

当我们试图改变某些行为和思维方式时，首先要做的就是了解我们的"出发点"（记为 A 点），也就是说，我们当下是如何行动和思考的。

知道自己当下的位置后，接下来我们要明确自己要去向何处（记为 B 点），也就是我们的目标。

想要从 A 点到达 B 点，我们需要制订一个行动计划，也就是说，设定小而具体的目标（子目标）以及具体的期限，这将有利于我们逐步接近最终目标。

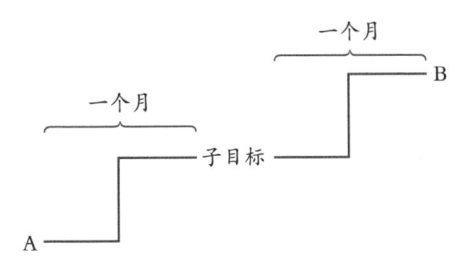

```
                    ┌─一个月─┐
          ┌─一个月─┐         B
          │        │
          │      子目标
          │
          A
```

在这里，我们的 B 点是能够以健康和自我肯定的方式在人际关系中设定界限。

出发点对每个人来说都是不同的，因此我们首先要明确自己的出发点。在这里，我们要确定的是现在自己设定界限时的沟通风格是什么。

在确定沟通风格的类型时，最简单的方法就是使用坐标轴，其中横轴代表我们捍卫自己权利的程度，纵轴代表我们尊重他人权利的程度。利用坐标轴，我们不但可以识别出自己的沟通风格，还可以识别出与我们互动的人的沟通风格。

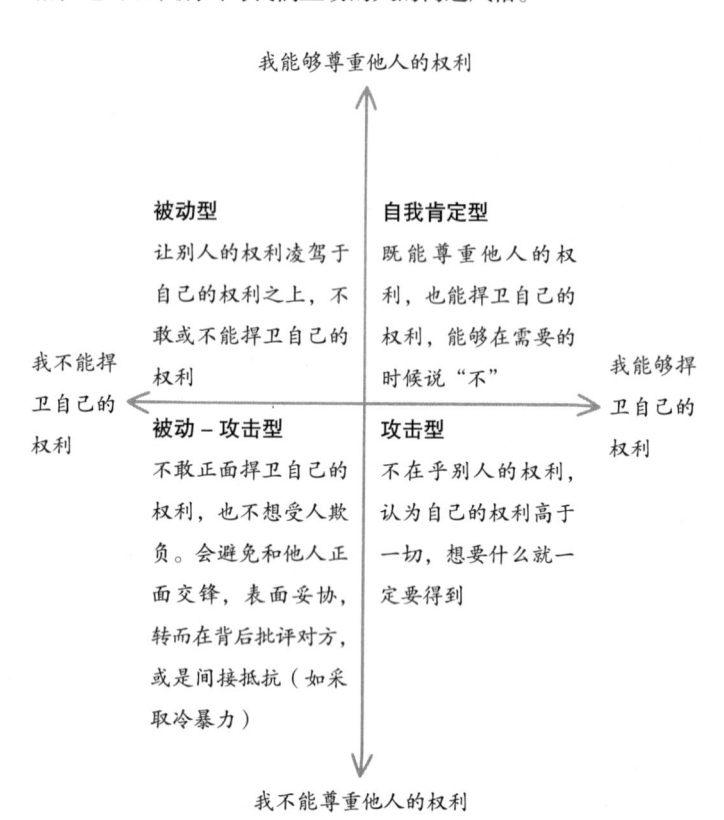

```
                        我能够尊重他人的权利
                                ↑
              被动型            │   自我肯定型
              让别人的权利凌驾于 │   既能尊重他人的权
              自己的权利之上，不 │   利，也能捍卫自己的
              敢或不能捍卫自己的 │   权利，能够在需要的
              权利              │   时候说"不"
  我不能捍                      │                    我能够捍
  卫自己的 ─────────────────────┼──────────────────→ 卫自己的
  权利                          │                    权利
              被动-攻击型        │   攻击型
              不敢正面捍卫自己的 │   不在乎别人的权利，
              权利，也不想受人欺 │   认为自己的权利高于
              负。会避免和他人正 │   一切，想要什么就一
              面交锋，表面妥协， │   定要得到
              转而在背后批评对方，│
              或是间接抵抗（如采 │
              取冷暴力）         │
                                ↓
                        我不能尊重他人的权利
```

如上图所示，我们可以将沟通风格划分为四种类型。

被动型沟通风格

采用这种沟通风格的人在与人交往时不会首先捍卫自己的权利，而是会优先考虑他人的权利。他们不敢直接表达自己的情绪和感受，觉得自己的想法和感受并不重要，害怕被批评或被评判……这会导致他们的紧张、沮丧或怨恨不断累积。时间久了，他们就会感到焦虑、悲伤或愤怒。

这类人经常挂在嘴边的话是："别担心。""这不重要。""也许……""抱歉。""我不想打扰你。"

在非语言沟通层面，他们的特征是：总是目光低垂，或干脆回避与他人沟通；说话声音小；在人群中总是试图降低自己的存在感；说话时不配合任何手势；整个人看起来扭捏、拘谨、放不开。

攻击型沟通风格

采用这种沟通风格的人在与人交往时只记得捍卫自己的权利，却不尊重他人的权利。他们往往以充满敌意的方式表达自己的想法，以压制他人为目标，而不考虑他人的感受。

他们的口头禅是："你应该……""你根本不了解……""这样做对你更好。""你在和我开玩笑吧？"

在非语言沟通层面，他们的特征是：眼睛总是紧盯着对方，表情严肃；说话声音大；语速很快；习惯占用较大的空间（如坐着时习惯张开双腿，侵犯他人的空间）；喜欢使用一些带有威胁意味的手势，如说话时习惯用食指敲击桌子。

被动 - 攻击型沟通风格

采用这种沟通风格的人在与人交往时并不能捍卫自己的权利，但他们其实也想让自己的权利获得尊重。他们总是憋着，有想法也不说出来，因此时常感到愤怒和沮丧，或者觉得自己没有被公平对待。他们会表面上妥协，实则间接抵抗，比如用冷漠、忽视、疏远等态度对待谈话对象，或是找其他理由惩罚谈话对象。在表达方式上，他们显得虚伪、不坦诚。

这类人的口头禅是："得了，我不讨你嫌了。""没事，我什么事都没有，你用不着担心。""你想怎样就怎样。"

在非语言沟通层面，他们常以隐蔽、间接的方式传递负面情绪，比如背对谈话对象，避免与谈话对象进行眼神接触。他们还常常表面点头答应，但又用耸肩、假笑等肢体语言透露出轻蔑或抵触等情绪。他们还可能通过叹气、摆出受害者姿态来引发谈话对象的内疚感。

自我肯定型沟通风格

采用这种沟通风格的人既能尊重和捍卫自己的权利，也能尊重他人的权利。他们在与人交流时会兼顾自己和他人的感受以及权利，能坦诚地表达自己的观点，但不会强迫他人接受，也不会认为他人的观点没有价值。他们深知，自由止于他人自由之始，因此，他们不会把"自我肯定"同"口无遮拦"混为一谈，也不会将"言论自由"同"妄加评论"混为一谈。他们做事很有分寸，边界感强，任何行动都以尊重为前提。

他们的口头禅是："我觉得……""我希望……""我想要……""让我们这样做。""我们要如何解决这个问题呢？""你怎么看？""你觉得怎么样？"

在非语言沟通层面，他们的特征是：和谈话对象说话时一般不会低着头，而是会直视对方的眼睛，表情平静而放松，连续盯着对方看的时间一般在 7～10 秒，不会太久；说话时声音既能让对方听得清，又不会太大；说话时经常会动用双手和胳膊来辅助交流，但不会侵犯对方的空间；身体舒展，背部挺直，不做动作时双臂保持放松的状态。

确定好出发点和目标后，我们就可以开始制订行动计划了。

不过，在制订计划前，还要明白一件事：心理学的基本要点之一是，每个人自身的情况和特征都是不同的。因此，从 A 点到达 B 点的路径并不是唯一的，每个人都应该根据自己的出发点、个性特征等来规划自己的路径。这就是为什么我们会觉得市面上的一些心理自助类书籍中所说的方法对我们没有用，因为这些方法可能没有考虑到个体的独特性。例如，适合攻击型沟通风格人群的行动计划一定和适合被动型沟通风格人群的行动计划不同；相较于适应力强的人，适应力差的人大概率需要更多的时间、设定更多子目标才能到达终点；如果一个人的家人不断地惩罚或操纵他，那么和那些在改变过程中能得到家人支持的人比起来，他就需要付出更多的努力来建立信念感和对抗愧疚感。总之，每个人的生活环境、个性特征等都是独一无二的，并不存在对所有人都适用的"万能处方"。

04 自我肯定的根基

请记住，自我肯定的权利包括：
（1）表达自己的感受、想法、需求，展露情绪的权利。
（2）受到尊重、保持尊严的权利。
（3）表达不同意见，在不伤害他人的前提下坚持己见的权利。
（4）对不合理的要求说"不"的权利。
（5）想要某种东西的权利。
（6）不想要某种东西的权利。
（7）改变观点的权利。

（8）犯错的权利。

（9）为自己的人生、身体和时间做决定的权利。

（10）为各项事务划分优先级的权利。

行使上述权利时，我们唯一的义务是：

对他人的上述权利予以尊重。

但正如我们之前提到的，人际交往中的自我肯定只是这一概念的第一个层级，想要实现自我肯定的"终极目标"——成为一个"自我肯定者"，必须从行为方式、思考方式和感知方式等更为基础的方面寻求改变。

借助下面的冰山模型会更容易理解这一点。

自我肯定

对自我肯定权利的尊重
价值观　　　信念　　　文化修养
　　　道德原则
　　沟通技能　　　社会智力
　　　　　情商
　　　共情能力　　社交技能
　　　　自我领导能力
　　　　　自尊

水面以下的"冰山"上的各个因素，共同构成了自我肯定的根基：对自我肯定权利的尊重、价值观、信念、文化修养、道德原则、沟通技能、社会智力、情商、共情能力、社交技能、自我领导能力，当然，还有自尊。一个人能否自信而坚定地表达自我，受上述因素影响。因此，自我认知是实现这一目标（以及我们的任何目标）的关键。了解自己在这些方面的情况，有利于我们找出在成为"自我肯定者"的道路上，自己的短板在哪里。所以，我们最好能针对这些因素逐一进行自我分析。

我们之前讨论过一些关于界限的观念，也说过，加深自我认知有助于解决问题。制订从 A 点到 B 点的路线时也是如此，我们需要花一些时间来加深自我认知，觉察自己对他人和世界的看法，并反思是否应该想办法瓦解其中的部分认知。

下面我来简要说明针对"冰山"上的部分因素进行自我分析的重要性。首先来说说价值观和道德原则。想要成为一个"自我肯定者"，就必须懂得什么是尊重、正义和仁慈。因此，反思我们的价值观和道德原则是什么，平时有没有表里如一地行事，是走向自我肯定的必要条件之一。

再来说说情商、社会智力、沟通技能和社交技能。了解自己在这些方面的情况有利于我们了解自己的沟通风格，有了觉察，改变才更容易发生。

自我领导能力是一个人对自身进行管理与引导，指导自己的思想和行动的能力。拥有较高的自我领导能力，有助于我们坦诚地说出自己的想法和感受，对想拒绝的事说"不"，对想接受的事说"好"；秉持我们的价值观行事；在需要时设定界限；等等。

最后，再来说说位于"冰山"底部的自尊。自尊是个体对自己的全面评价及由此产生的对自我积极或消极的情感，它对个体的心理健康和人际关系等都有重要的影响。想要成为一个真正的"自我肯定者"，就必须抛开那些可能削弱我们的力量、阻碍我们成长的东西。一个"自我肯定者"必然拥有较高的自尊水平。

自我肯定有两个层级，分别是"成为'自我肯定者'"和"采用自我肯定的沟通风格"，二者不能直接画等号。一个在沟通中能够自我肯定的人，很可能称不上是"自我肯定者"，但如果一个人是"自我肯定者"，那么他在沟通中一定是能够自我肯定的。

如果我们不仅仅在沟通中能做到"自我肯定"，而且在行事、思考和感知时都能做到，我们就很有机会成为一个"自我肯定者"。

我们可以这样来理解二者在层级上的不同。一个在沟通中能够自我肯定的非"自我肯定者"，可能很清楚自己应该说什么、做什么，但这样说、这样做时，他们可能有负面情绪。例如，他们知道自己有权利拒绝，但在说"不"时，他们又会觉得自己很自私。而真正的"自我肯定者"则不然，因为他们的理智和情感是同步的，他们知道自己有权说"不"，所以他们这样做时很平静，不会有内疚或认为自己很自私的感觉。

再举一个例子。能够在沟通中自我肯定的人知道,当某个人不能或不愿意帮自己的忙时,自己应该对他的决定表示尊重,并且做出果断而得体的回应,但当这种情况真的发生时,他们还是会感到沮丧。真正的"自我肯定者"则不然,因为他们的理智和情感是同步的,他们完全尊重对方不能帮忙或不愿帮忙的现实,在情感上能毫不犹豫地接受这件事,不对此做任何评判,也不会感到被冒犯或是失落。

一个"自我肯定者"能够全方位地尊重自我肯定的权利,在理智和情感上皆是如此,他们认为自己的行为是正确的、公正的,不会因为自己的某种行为而有负罪感,认为自己是一个坏人或者很自私。他们还会真心地认为其他人也享有同样的权利。

总而言之,想要成为一个"自我肯定者",我们必须从"冰山"的基底部分开始下功夫。慢慢地,我们就可能形成自我肯定的沟通风格(自我肯定的第一个层级),而这会改变我们与他人相处的方式,进而改变我们与自己相处的方式。"冰山"的基底部分和自我肯定的沟通风格之间的这种双向反馈会持续很久,直到我们实现"终极目标"——成为一个"自我肯定者"。

10

认知+行为：
有效沟通界限问题

01 有效沟通的三项准则
02 "就好像"策略
03 认知图式和同理心
04 分析对方的意图

与其教她如何取悦他人，不如教她做个真诚、良善且勇敢的人。鼓励她说出自己的想法，说出她真正的看法，说实话。……告诉她，如果有什么事让她不舒服，她就该抱怨。
——奇玛曼达·恩戈齐·阿迪奇埃

在前面的章节中，我们已经对自我肯定有了理论上的了解。那么，现在是时候采取行动了。

在给来访者做心理治疗时，我一直坚持这样一个信念：想改善现状，最有效的办法就是同时从认知和行为两个层面入手，双管齐下。认知是指个体对某人、某事的认识和看法，行为涉及的是我们的日常举止。改变认知也就是改变我们的思维方式和解释现实的方式，而认知的改变能引起行为的变化。反过来，行为的改变也能引起认知的改变。也就是说，"双管齐下"可以带来深刻、持续的变化。

在本章中，我们将重点关注可以帮我们提升自我肯定水平的认知和行为层面的策略。

我必须说，下面我介绍的这些策略，一般来说人在刚开始实施时会觉得很困难，这就是为什么保证训练时长和允许自己犯错很重要。刚开始，我们得到的负面反馈可能比正面反馈多得多，但这是实现目标的必由之路。在这个过程中，我们还可能产生一些负面情绪，如恐惧、内疚、不安，或因为被某些人拒绝(因为他们不喜欢我们设定界限)而失落，这些都是正常的。

01 有效沟通的三项准则

在设定界限或说"不"时，我们必须牢记以下三项基本准则。

话说得清楚、坚定，不兜圈子

俗话说，长痛不如短痛，这句话放在设定界限这件事上也是适用的。当有人越界或是我们想要拒绝某人时，最好尽快向对方挑明，不要兜圈子。这和撕创可贴的过程差不多，疼痛在所难免，越磨蹭，疼痛的时间就越长。

设定界限或说"不"的好办法之一是打感情牌，也就是"动之以情"，但话要以一种清晰、坚定的方式说出来，不要做太多解释。

这是因为，我们在拐弯抹角或试图过多地为自己辩护时，其实犯了两个错误。其一，我们话里话外传递出的信息是，觉得自己设定界限或说"不"的理由不够充分，即便是自己不愿意接受对方的请求，或已经被对方打扰了甚至是伤害了，也就是说，自己都觉得底气不足。其二，我们每解释一句，都让对方多了一次可乘之机，对方可能顺着我们的话往下说，抛回一个所谓的"解决方案"。也就是说，我们解释得越多，对方就越有可能继续纠缠。

请看下面这个典型案例。

A："我们去喝一杯吧？"

B："呃……呃……这个嘛……我没钱。"

A："别担心，我请你！你下次再请回来不就行了吗。"

B："谢谢啦，可是时间已经不早了。"

A："怕什么嘛，我们喝一杯就走，很快的。走吧！"

B："我媳妇在家等我吃饭呢。"

A："没事，喝完我帮你付打车钱，肯定让你按点到家，什么都不耽误。"

B："呃……行吧……那就这样吧……"

想象一下，如果 B 不为自己辩解，也不找任何借口，而是明确而坚决地说"不"，对方是不是就没办法提供所谓的解决方案，继续说下去了？

下面请看正确的说法。

A："我们去喝一杯吧？"

B："今天算了，我实在是不想动，谢谢你的邀请，咱们下次再约吧！"

让越界需要承担的后果和越界造成的损害成正比

如果越界不用承担任何后果,那么界限就不是界限了。越界的人需要承担的后果必须与越界造成的损害或影响的严重程度相一致,即它们必须是成正比的。例如,面对约会迟到的人(即使是迟到了第二次或第三次)和对我们进行身体攻击或言语攻击的人,我们肯定不能采取同一种态度,因为后者的行为比前者恶劣得多,我们要让后者承担更加严重的后果。

另外,面对自己设好的"后果",应该采取"一以贯之"的态度。如果我们已经警告过某人越界需要承担哪些后果,就不能随意变更。如果不这样做,我们就将信誉扫地,就等于是告诉对方"你可以对我做任何你想做的事"。总之,一旦把越界需要承担的后果告诉对方,就无论如何都要将立场坚守到底。

事不过三

在答应帮某人的忙或做出让步时,我们必须牢记这条准则:事不过三。同一行为发生了三次,对方就会把我们的付出当成理所当然,一旦我们不这样做了,对方就会开始抱怨,说"这不公平"之类的话。为了不让这种事发生,我们应该在对方第一次提要求时就果断拒绝。

举个例子。胡安刚刚入职一家公司,一位同事就问他是否可以帮忙上传一些数据。胡安答应了，因为尽管他的工作已经相当饱和了，但他不想让同事难堪。接下来的一周，这个人又让胡安帮同样的忙，胡安出于同样的考虑再次答应了。第三周，同事又请胡安帮忙，胡安还是答应了，但他已经有点厌倦了，而且决定对方再来求助时，一定要说"不"。然而令胡安惊讶的是，下次人家只是以通知的口吻对他说："胡安，数据表放在你的工位上了。谢谢！周一见！"

胡安这才发现，同事认为自己肯定会帮他，因为这已经成为一种常态了。这让胡安非常苦恼，不仅因为这不是他的分内事，还因为现在他更难拒绝这份差事了。在接下来的一周，胡安终于鼓起勇气，在同事再次让自己帮忙时对同事说："实在不好意思，我不能再承担这项任务了，因为我的时间有限，自己的活都干不完。"同事友善地回应道："啊，没事，不做就不做吧。"从那以后，这位同事成了胡安的"点头之交"，除了上下班时象征性地点个头、打个招呼外，一句多余的话都不对胡安说。

毫无疑问，这位同事是个"厚脸皮"的人，胡安的意图也是好的，但胡安犯了一个错误：连续三次同意帮对方的忙，而且没有在对方面前表现出一点为难的样子，也没有向对方表明"可以做但不能保证准时"，所以当胡安最后告诉同事不能继续帮忙时，该同事就会认为这是胡安的错。

毫无疑问，胡安的同事做得不对，不过在这里我无意评判谁对谁错，只是想说明，此类情况在我们的日常生活中时有出

109

现，而我们完全可以避免陷入胡安面临的困境。记住，再一再二不再三，面对某人的请求时，不要连续答应三次。如果确实决定帮忙，也需要向对方说明，自己不会总是这样帮他。

02 "就好像"策略

之前我们说过，采用自我肯定的沟通风格，可以带来更深层次的积极变化。通过改变行为来谋求深层次的转变（比如认知上的转变），有时会比反向操作简单得多，因此，心理健康领域的专业人士经常用这种方法来帮助患者改善某些心理问题。

这种方法的秘诀在于"假装"，在这里，就是假装自己已经是一个"自我肯定者"了。这种"假装"有助于我们变成一个真正的"自我肯定者"。当然，这种方法不是万能的，比如想要改变某种性格特征时，它可能不那么奏效，但无论如何，这一方法对许多心理问题的改善是有用的。

因此，从现在起，表现得像"自我肯定者"一样吧，像他们一样友善、自信、富有吸引力……这确实会让我们离这个目标越来越近。当然，想要取得成功，我们还需要把这一策略具体化，以方便实施。

执行"就好像"策略的方法是：为"自我肯定"划分等级，之后一步步地进阶，直到实现目标。

为此，我们可以先将"自我肯定"简化成七种基本的社交能力：

（1）说"不"的能力。

（2）接受别人对自己说"不"的能力。

（3）请求他人帮助、提出要求的能力。

（4）拒绝提供帮助、拒绝他人请求的能力。

（5）表达积极或消极的感受、肯定或否定某一观点的能力。

（6）尊重他人表达积极或消极的感受、肯定或否定某一观点的能力。

（7）展开对话、维持对话和结束对话的能力。

接下来，我们可以将"自我肯定"水平划分为四个等级：高度，中度，低度以及基本为0。

（1）高度自我肯定：以上七种能力都具备。

（2）中度自我肯定：七种能力中有一种或两种能力较差。

（3）低度自我肯定：七种能力中有三到五种能力较差。

（4）自我肯定度基本为0：七种能力中有五种以上能力较差。

下面我以"低度自我肯定"这一等级为例，说明"就好像"策略的应用步骤。

第一步，定位自己欠缺哪些能力（如说"不"的能力，接受别人对自己说"不"的能力，请求他人帮助、提出要求的能力，拒绝提供帮助、拒绝他人请求的能力，表达积极或消极的感受、肯定或否定某一观点的能力）。

第二步，选择其中两种（一种也可以）能力，制作接下来两周的目标。例如：

（1）这两周内，必须每天至少对别人的请求说一次"不"。

（2）这两周内，每当被人拒绝时，都要给自己留一点时间来消化这一事实。要牢记，别人有权利说"不"，而自己需要对对方的权利给予尊重和理解。

在这里，建议大家准备一个小小的日历或表格，每天在上面记录当天目标完成的情况，以及自己的情绪或反思。

第三步，两周后，再选定另外两种能力（一种也可以）并重复上面的做法，之前已经培养过的能力也要继续实践。

第四步，把所有的能力都培养过一遍之后，我们可以实践一段时间，然后再次进行自我评估，看看平时哪些能力已经可以充分展现出来了，哪些还需要进一步训练。那些不容易展现的能力往往对应着某些问题，最好找到这些问题，认真对待，努力解决。

在努力实现目标的过程中，非常重要的一点就是写下自己的感受、变化，以及伴随行为的变化而产生的思考。这样做能让自己意识到哪些方面的能力还需要更多的关注或训练。把自己的想法、情绪、遇到的困难以及冲突都记录下来，这样可以提高自我肯定的等级，也能让自我肯定逐渐从行为层面走向认知和情感层面。

03 认知图式和同理心

下面我们来了解两个非常有用的概念，了解这两个概念有利于我们以自我肯定的方式有效地设定界限。这两个概念是"认知图式"和"同理心"。

首先，让我们来了解一下认知图式的概念。图式是一种特殊的心理结构，是帮助人知觉、组织、获得和利用信息的认知结构。每个人都有一张关于世界、自己和他人的"认知地图"，它是独特的、主观的。我们可以这样来理解认知图式：它是个体基于教育、文化、经验、信念、价值观、遗传、人生抱负、个性特征等形成的独特的主观认知框架，用于解释现实并指导行为。理解了认知图式的概念后，我们就会意识到，每个人都在以自己的方式解释现实，并据此构建自己的"事实"。因此，所谓的"事实"并不是唯一的，因为每个人都有每个人自己的"事实"。

将这一概念继续延伸，生活中，尽管我们可能不同意某人的观点（因为他的"事实"与我们的不一致），但我们仍然应该尊重他的观点，并尝试根据"自我肯定的十项权利和一项义务"来行事，这会对我们有很大帮助（尤其是在面对我们欣赏的人时）。同样，我们也必须要求他人尊重我们的"事实"。

当我们已知每个人都有一个独特且主观的认知图式时，我们就可以避免犯这个几乎所有人都会犯的错误——以我们希望被对待的方式对待他人，而不是按照他人希望被对待的方式对待他人。

这里，我们还要引入同理心的概念。同理心是一种能换位思考，从他人的角度体验与感受他人世界并重塑自我观点的沟通互动能力。在运用同理心的过程中，可能会有一个问题，那就是，虽然已经将自己置于对方的位置、从对方的角度思考问题了，但依旧是在根据自己的认知图式思考，而不是根据对方的。设身处地为对方着想，需要以他人的认知图式为基础去想，这才叫真正的"运用同理心"。了解与我们互动的人的认知图式，可以让我们从非评判的角度理解他们的行为和逻辑，使我们更容易采取倾听、理解而不是攻击的态度与其沟通，促使双方达成共识。这样做可以让我们在与任何人交往时都拥有巨大的优势。

同样，当我们想要对某人设定界限时，运用同理心也有很大的帮助，因为这可以让我们用他们的认知图式中的东西，来向他们解释我们的想法，从而使他们了解我们的需求。人一般只有在感到迫切需要改变时才会改变，也就是说，改变的发生需要有内部动机，否则，即便有变化，这种变化也很难持久。运用同理心，能够促使他人改变，而且这种改变将会是发自内心的，且能够长期保持下去的。

然而需要注意的是，我并不建议面对所有我们想要设定界限的人时都运用同理心。什么样的人值得呢？起码这个人要对我们有基本的尊重，这样哪怕他没有真正理解我们的想法，也会尊重我们的需求。如果他连起码的尊重都做不到，他就应该从我们的世界消失（或者我们从他的世界消失也行）。不过，如果涉及的是不太容易保持距离的那种关系（比如亲子关系、姻亲关系、同事关系等），那么运用同理心，根据他们的认知图式来解释我们设定界限的原因，将会是一种非常聪明而有效的策略，特别是在面对儿童和青少年时。

04 分析对方的意图

了解一个人的认知图式后，就可以理解他为什么会有这样或那样的行为。以此为依据，我们就可以选择更恰当的方式来对他设定界限。

做让我们觉得困扰的事情时能够思考对方的意图，是很重要的一点。就像我们面对无意的践踏和背叛性质的践踏时反应肯定不同一样，对待"不小心"或"非故意"的越界行为，和对待"有意识"或"故意为之"的越界行为，我们的回应也应该是不同的。

当某人说了一些让我们不悦的话或做了一些让我们讨厌的事情时，如果我们能分析一下他的认知图式，就可以为其行为找到多样化的解释，进而确定他的本意。

记得有一次，我的一位哥伦比亚朋友来巴塞罗那看我。在城里待了几天后，我决定带他去半岛北部*看看。在圣塞巴斯

---

* 指西班牙所在的伊比利亚半岛，他们去的是半岛北部的巴斯克自治区，圣塞巴斯蒂安属于巴斯克自治区。

蒂安，我们到一个酒吧喝酒，在那里，我们遇到了一些非常棒的巴斯克人。我记得当时我有些醉了，蒙眬中听到朋友讲了一件事：有一次，他碰到了几个歹徒拦路抢劫，但他机智地逃脱了。其中一个巴斯克人听完故事后立即说了一句"脏话"，边说边大笑起来，因为他对我朋友在那种情况下展现出的智慧感到敬佩。我的哥伦比亚朋友脸色一下子变了，他看向我，表情介于难以置信和愤怒之间，问道："他是不是在骂我？！"我赶忙向他解释那句话在此时的语境下意味着什么，即巴斯克人的本意是赞扬他面对歹徒时的机智，是在表达敬佩之意。我的朋友觉得自己被冒犯了，是因为他根据自己的认知来理解了这句话。如果根据巴斯克人的认知来理解，得到的结论就会完全不同。

当时的误会差点引发一场争执。在日常生活中，沟通中的误会也是许多争斗的根源。因此，了解与我们交谈的人的认知，可以让我们理解其言语或行为背后的意图，从而避免许多冲突。这样我们或许就会发现，他们这样说或这样做并不是在针对我们，而是人家就是这么看待和解释世界的。另一方面，我们还可以根据其意图是好的还是不好的，来选择我们的回应方式。

11

有利于协商
并设定界限的
沟通策略

01 除了自我肯定之外，还需要什么
02 善用非语言沟通技巧
03 积极倾听
04 善用"我……"句式
05 使用被动句
06 让对方知道自己能得到什么
07 让对方认可我们的动机

在与他人协商的过程中,沟通策略是很有用的。巧用沟通策略,别人就可能做我们希望他们做的事。不仅如此,他们还会在做的时候心存感激。

——戴尔·卡耐基

01 除了自我肯定之外,还需要什么

在一点点改变自己的认知和行为的过程中,我们可能会觉得以自我肯定的方式进行表达变得越来越简单了。然而,想要真正有效地设定界限,只采用自我肯定的沟通风格是不够的,我们还必须学会一些有效的沟通策略。这些策略的核心在于利用言语和手势,向谈话对象传递自信、坚定和尊重的信号。如果缺少沟通策略,那么设定界限这件事很可能非但无法带来好处,反而使我们的人际关系恶化,甚至导致关系破裂。下面的例子就很能说明问题。

> 索妮娅和保拉是同事,在同一个商务团队工作,需要频繁沟通互动。索妮娅是个非常平易近人的姑娘,

总是给人很亲切的感觉。与人交谈时，她通常会离对方很近，甚至会与对方有一些身体接触。有时候，她会在不经意间打断他人的发言。相比之下，保拉则显得内向一些。与人交谈时，她习惯与对方保持一定的距离，也不喜欢对方和自己有身体接触。在她表达想法时，如果有人打断她，她会非常恼火。

随着时间的推移，保拉对索妮娅与自己沟通的方式越来越不满，甚至在上班路上就开始焦虑。

一天，保拉实在忍无可忍了。她想起自己曾在某个讲述心理学知识的博客上读到过，在人际交往中，设定界限是必要的，这样做有助于改善人际关系。于是，她决定和索妮娅直说："你的沟通方式让我感到很不舒服。你每次碰到我的手臂时，我都感到恼火。另外，你有时会在我话没说完时就打断我，我非常不喜欢这种行为。"

在上面这个案例中，保拉在设定界限时足够坚定，她没有不尊重索妮娅，在向对方抱怨时也着重于表达个人感受，并没有审判对方行为的意味。但是，她说完这些话后，两人之间的关系大概率会变得紧张，两人也将很难再像以前那样平和地沟通工作。总之，保拉虽然以自我肯定的方式设定了界限，但效果并不好。

当我们不知道如何以自我肯定的方式有效地表达自己的情感或想法时，我们就很有可能变得蛮横，有时甚至到了粗鲁的地步（至少在对方看来是这样）。如果我们意识到自己会变得蛮横，我们就可能选择一言不发，压抑自己的情绪，因为我们知道，此时自己说出来的话会让人觉得很没有礼貌，而我们不想这样；如果意识不到，我们就可能口不择言，想到什么就说什么。当我们压抑自己的情绪时，情绪的强度非但不会降低，反而会提高，这会使我们的边缘系统进入过度活跃的状态。长时间压抑情绪，会导致我们迫切需要某个排解通道。于是，我们要么像高压锅一样突然"爆炸"，要么被愤怒或焦虑袭击，引发身心疾病。如果我们走向了另一条路，也就是想到什么就说什么，那么我们很可能伤害这段关系，甚至使之彻底破裂。

显然，以上两种做法的结果都不好。

将界限告诉他人时，以下三种武器缺一不可：（1）自我肯定的沟通风格；（2）合适的非语言沟通技巧；（3）有效的沟通策略。有了它们，对方更有可能用友善的态度回应我们，对我们设下的界限表示尊重，接受我们界限的可能性也会更大。

在接下来的章节中，我将介绍一些非语言沟通技巧和在传播学、语言学和心理学领域广受认可的沟通策略。想要有效地运用这些技巧和策略，首先要意识到它们的存在，并且简单了解一下它们的基本概念和实践要领。

02 善用非语言沟通技巧

沟通中，除了最基本的善意和尊重外，非语言沟通也起着重要作用。在人际互动中，超过一半的信息都是通过非语言渠道传递的。我们用手势和面部表情等传递的东西，要比用语言符号传递的多得多。我们的每一个动作、每一个表情都会传递一些信息，比如我们的精神状态、情绪、个性、态度、动机、偏好，我们接受什么、拒绝什么，甚至是我们的自尊水平。我们可以不说话，但无法完全停止用非语言的方式来传递信息。我们的目光，我们的身体姿态，我们的手势，我们的面部表情，我们做动作的速度……这些都在向他人传递信息。

非语言沟通除了能传递方方面面的信息，还可以影响他人的行为、态度和情绪。

记得有一次长途旅行中，我已经疲惫不堪了，可是屋漏偏逢连夜雨——我的手机被偷了，提前买好的电子公交车票也用不成了，只得用贵得多的价格再买一张，出发时间还比原来晚了很多。更糟糕的是，我们走的那条公路由于塌方发生了交通事故，我们的车被困在那里，好几个小时都动弹不得。

最后，车终于到站了，我的心情差到了极点，只想找张床躺下，一觉睡到第二天。当时已经非常晚了，我好不容易遇到一家旅馆，想都没想就推门进去了。当时我满脸的不耐烦，顾不上任何礼节，只是冷冷地甩出一句："你好，我想要一个房间。"然后，一整天的霉运终于结束了——那天晚上在旅馆前台接待我的人，是我这辈子见过的最友善的人。豪尔赫——这就是那个男人的名字，他对待我的态度和我跟他打招呼时的态度简直是天壤之别。迎接我的是温暖的微笑、和蔼可亲的语气，以及迅速将我包围的友善。在他帮我订房间的短短几分钟内，我的心情完全改变了。只用了不到五分钟，他就用友善的态度感染了我，帮我驱散了笼罩了一整天的阴霾，使我对他和在场的其他人也友善了起来。以至于第二天，当我意识到他把房价搞错了时，我也相当宽容。如果犯错的是别人，我可能就没那么客气了。

事实就是如此，乐于向他人传递善意和信任的人往往也会被他人友善对待。在这方面，非语言沟通的作用往往更大。

不过，在告诉他人自己的界限这件事上，只传递善意和信任可能不够，有时候，我们不得不传递包含其他态度的非语言信息，如坚定和不容争辩。

想要设定界限，很重要的一点就是学会选择在何时、以何种方式来表达自己的想法。当我们说出来的东西与通过非语言渠道传递的东西不一致时，占主导地位的实际上是后者。也就是说，无论我们把话说得多明白，如果表情、动作没跟上，比如没能传递出坚定的态度和一定的权威感，那么我们的话将很难令人信服。如果我们嘴上说着"我不会容忍你不尊重我"，却弯着腰、驼着背、声音颤抖，音量小到对方几乎听不到，并且避免和对方有目光接触，那么几乎可以断定对方是不会把我们的话当回事的，因为在对方看来，我们实际上传递的信息是：哪怕你继续不尊重我，也不会有任何后果，因为我害怕你对我有看法，因为就连我自己都觉得我不配获得尊重。

再次强调，当语言信息与非语言信息不一致时，人们往往更倾向于相信后者。因此，想要获得尊重，首先需要知道如何在他人面前保持自尊；想要收获信任，首先需要知道如何让自己显得可信；想要获得威信，首先需要知道如何传递权威感。

设定界限时具有自我肯定特质的非语言沟通技巧（当然，这些技巧也适用于多种情况）如下：

（1）头一直保持竖直。千万不要歪着头，因为这更像是戏谑或调情时的姿态，会让人看起来更可爱、更友善、更风趣。但现在我们要做的是设定界限，所以必须避免做这样的动作，以免削弱我们的权威感。

（2）与对方保持目光接触，不要躲躲闪闪。不过，盯着对方眼睛看的时间也不要超过十秒，以免表现出攻击性。

（3）使用中等音量说话，语气要平静而坚定。诚恳地表达自己的想法和情绪，不要带有攻击性，也不要觉得不好意思、难为情。如果想让自己看起来更具权威感，可以用比平常略微低沉一些的音调说话，因为和高音比起来，低音能够增强话语的说服力，给人一种稳重有力的感觉。

（4）保持开放性的姿态，并且将身体的部分脆弱部位（对我们的生存至关重要的部位）暴露在对方面前，如颈部。这种姿态能传达对对方的信任和自信，就好像在说："我足够信任你,相信你不会攻击我,但我也对自己有足够的信心,如果你攻击我,我可以迅速做出反应,进行自我防卫。"利用这种姿态,我们传递了双重的积极信息,这可以在一定程度上帮助我们中和语言信息中对方可能会抵触的内容,还不会与之相矛盾。

想要呈现出开放性的姿态,我们要让双脚稍微分开,头保持竖直,背部挺直,肩膀稍微向后打开。如果可以的话,最好不戴围巾或披肩,甚至还可以把衬衫最上面的纽扣解开,这都会对我们传递信息有帮助。

(5)以自然、协调的方式摆动双手,偶尔露出手掌,这可以对我们的话起到强调作用,并传达笃定感和可信感。

我将以上这些非语言沟通技巧称为"自我肯定的基础性非语言沟通技巧",它们可以和大多数语言沟通方式相搭配,传递自我肯定和非暴力沟通的信号,让沟通变得更加有效。因此,除非有特殊情况,比如我们被要求不得使用非语言沟通手段,否则我们都可以尝试上述技巧。当然,还需要随机应变,根据当时我们想要和需要传递的信息来决定运用何种非语言沟通技巧。

接下来,我会介绍一些沟通策略,并分析有哪些与之配套的非语言沟通技巧可以运用,以便更好地设定界限。

03 积极倾听

一个好的沟通者首先需要是一个好的倾听者。为了能够与谈话对象就我们设定的界限进行协商，并达成对我们有利的协议，我们首先必须学会倾听。学会倾听的好处包括：

（1）能够了解对方的动机。

（2）能够了解对方的认知图式。

（3）能够根据对方的认知图式调整说辞，从而使对方更容易理解并接受我们的意见。

当一个人感觉到与自己对话的人在用心倾听并试图理解自己的想法，而不是采取对抗性回应时，其情绪调节系统以及负责社会行为调控的大脑结构会被激活，促使他保持冷静的态度以及开放的心态，这是双方面对冲突情境时积极寻找解决方案并达成共识的重要前提。相反，如果一个人觉得谈话对象没有注意倾听，只是想表达他自己的观点，根本没有试图理解自己的观点，就会采取防御性的甚至是攻击性的态度。此时，双方对话的目的不是寻求共识，而是竭尽全力捍卫各自的立场；双方的目标不是寻找解决方案，而是拼命证明自己才是对的，这不利于双方达成共识。

认知灵活性是一个涉及心理学、认知科学和神经科学等多个领域的概念，它是指个体在不同任务规则、情境或认知需求之间灵活切换的能力。积极倾听有助于提高认知灵活性，而认知灵活性的提高有利于我们从多个角度思考问题，并迅速适应环境的变化。也就是说，它有助于我们更好地生活。

这种能力不仅对协商界限有用，对解决其他问题也很有帮助。该能力与创造性思维密切相关，提高这项能力有助于个体打破常规思维模式，在面对各种情况时能更灵活、更快速、更有效地解决问题，无论这些问题出现在生活中的哪个领域。

认知灵活性高的人面对生活中的各种不可预见性事件时，能够积极寻找解决方案，不会因为日常生活中出现的一些小意外而焦虑、痛苦，甚至影响一整天的计划。如果我们想要成为这样的人，一种有效的训练方法是，在与人沟通时有意识地多倾听对方的意见，不要带有任何攻击意图。当双方的观点或立场与自己的完全相反时，更要坚持这样做。

对讲机策略

很多人可能会感叹：积极倾听是多么简单的一件事啊，可要做到怎么就这么难呢！明明只需要保持安静，用耳朵听就行了啊！这里介绍一个有助于更好地倾听的策略，我称其为"对讲机策略"。它可以有效解决沟通失败的一大"病因"——打断他人说话。

这个策略是这样的：

交谈中，对方说话时，自己静静地听并试图理解对方在说什么，对方说完之前，不能开口说话。这就像两个人用传统的对讲机通话一样，如果两人同时说话，信号就会冲突，导致双方都无法听到对方的话。

对方说完话以后，在回应之前需要短暂地停顿一下，以确保对方确实说完了，而且，这样做还可以表明自己正在认真理解对方传递的信息，而不是以迅雷不及掩耳之势展开反击。这个策略就是这么简单，没什么难度或是秘密可言。

复述对方的话

为了表明自己在积极倾听并认真思考，与人交谈时可以适当复述对方的话。当对方说完后，可以向他抛出一个问题，这个问题要能概括对方话的主要内容，以表示自己认真倾听且真正理解了对方的意思。例如："那么，如果我理解得正确的话，……是这样吗？"

用这种方式，可以确保自己没有误解对方的意思，也可以表明自己一直在认真倾听，这有利于双方采取更平静、平和的态度来交流。

测谎仪

积极倾听的好处之一是锻炼我们的识别能力，比如，让我们能迅速分辨出谈话对象传递的语言信息和非语言信息是否一致。也就是说，让我们成为"测谎专家"。当我们怀疑某人没有将真相和盘托出时,请沉默三秒,同时与他保持目光接触,此时对方的反应大概率会告诉我们真相。如果对方撒谎了,就会开始不停地解释,变换说辞或者变得焦躁不安。

积极倾听中的非语言沟通技巧

(1)保持目光接触。和他人交谈时,最大的忌讳就是眼睛看向别处,这意味着我们对对方说的内容根本不感兴趣。因此,必须将目光集中在对方身上,因为我们不仅要将全部的注意力都放在对方身上,还要让他们知道我们正在这样做。

(2)身体挺直,面向对方,这样的姿态能表明我们正在全神贯注地听对方说话。

错误　　　　　　正确

(3)将双脚和双腿朝向对方,这可以表明自己对谈话内容感兴趣。相反,当将脚伸向旁边(尤其是伸向所在空间的出口)时,我们传递的信息是:我们感到不舒服,想离开。

04 善用"我……"句式

向他人表达愤怒时,最常见的错误就是指责对方,把责任和错误归咎于对方,这会使对方进入"警戒状态",采取防御的态度。在这样的情况下,沟通注定会失败,因为两个人的劲儿没往一处使,各自都在往自己这边用力,想要证明自己是对的,对方是错的。想想看,这样怎么可能解决问题呢?

为了避免犯下这种非常常见的错误,可以用到一个策略,那就是把"你……"句式换成"我……"句式,然后提出一个解决方案。这是一种非常好用的策略,特别是当我们想针对某人设定界限或者要求某人改变某种行为时,因为这样做会让他觉得改变是出于自身的需求,而不是迫于压力不得不改变。这才是让一个人真正改变自己的行为并长期保持下去的有效方法。切记,想要让一个人改变,强迫、威胁或情感勒索都是很难奏效的。

两种句式的差别是,"你……"句式是把焦点放在对方身上,背后的逻辑是让对方对我们的感受负责。这样的句式传递的信息是,我们针对的不是行为本身,而是对方,我们是在对对方做出评判,甚至责难对方。这会让对方产生被羞辱或被低估的感觉,从而导致对方的自尊心受到伤害。面对这样的情况,对方不可避免地会采取防御姿态,拼命地为自己辩护,甚至展开反击,或明确表示自己不会做出任何改变。当我们的措辞比较绝对化或武断(如"你总是……"或"你从不……")时,对方的防御姿态就会更加明显。我们用"你……"句式越多,就越有可能陷入一场无果的争论中。

而"我……"句式是以我们自身为中心,以坦诚为基础,是我们在不加评判地表达自己针对某一行为的想法或感受。这样的句式传递的信息是,我们针对的是行为本身,而不是行为的发出者。当我们只提及事实而不提及对方时,对方就不会将我们的话理解成对自己的评判、责难或批评,就不会觉得有必要为了维护自尊而展开反击,或是找理由为自己辩护,也就不会直接拒绝改变。

常见的"我……"句式有"我觉得……""我相信……""我感觉……""我认为……"。使用这些句式时，我们是从自身的角度出发，不指责，不评判，不将自己的感受和想法凌驾于他人之上，也不将其奉为绝对真理，我们所做的只是坦诚地表达自己的感受。这会使我们传递的信息非常有说服力，也有利于对方理解我们，从而促进双方达成共识，推动对方改变自己的行为。

"我……"句式可以包含三个要素，第一个是"我感到……""我觉得……"，第二个是"因为……"，第三个是"你可以……"，也就是提出解决方案或表达我们想要什么。

下面是一些例子：

（1）"我感到很难过，因为我把很重要的事告诉了你，你却不记得了。我希望以后我再和你倾诉令我担心的事情时，你能认真听。"

（2）"我觉得我的感受没有得到重视，因为你说都不说一声就去冒险了。你可以想象一下，当你面临危险时，我会有怎样的感受吗？"

（3）"我感觉自己被你忽视了。我在和你说话，你却一直在捧着手机回信息。我们交谈时你能把手机放在一边吗？"

（4）"我感觉自己没有得到你的尊重，因为你看都不看我。我希望你不要再这样做了。"

下面我们来全面地对比一下"你……"句式和"我……"句式。

对比项	"你……"句式	"我……"句式
聚焦对象	聚焦于对方	聚焦于自身
行为	让别人对我们的感受负责	谈论别人的行为对我们的影响，以及我们的感受
传递的信息	我们在用高高在上的态度，评判、批评、责难、审判对方	真诚地表达我们面对某种情况或行为时的真实感受
产生的效果	导致对方产生以下感受： 被羞辱； 被低估； 自尊受到伤害	引导对方做出如下行为： 自我评估； 自我审视； 自我检查； 帮助我们
结果	为了维护自尊展开反击，找理由为自己辩护，或是明确拒绝改变	用开放的态度面对我们；对改变的抵触越来越少；达成共识
示例	你从来都不听我说话。	→我感到很难过，因为我把很重要的事告诉了你，你却不记得了。

续表

对比项	"你……"句式	"我……"句式
示例	你太不会体谅人了。	→我觉得我的感受没有得到你的重视。
	你太傲慢了。	→我觉得很受伤，因为你用这样的方式跟我说话。
	你真让我失望。	→我感到很失望，因为你竟用那样的方式对我。
	你真是没教养。别在我和你说话时回信息了。	我感觉自己被你忽视了。→我在和你说话，你却一直在捧着手机回信息。
	你太不尊重人了。	→我感觉自己没有得到你的尊重。

当我们用"我……"句式表达需求时，我们传递的信息和传递信息的方式都不会给对方压迫感，因为我们更像是在请求帮助，也就是在求对方做出改变，好让我们感觉好受一些。要知道，当人们收到的是"请求帮助"的信号而非强迫性指令时，人们改变行为的意愿会大大增加。

05 使用被动句

用被动句传递信息时可以省略动作的执行者，这样做的好处是传递的信息不会被视为人身攻击或直接的指令。例如，我们可以这样说："这份报告必须在六点前完成。"而不是说："你必须在六点前完成这份报告。"在表达上，前者显然比后者听起来要友善得多。

06 让对方知道自己能得到什么

当我们掌握了认知图式这一概念后，就可以有意识地去推断谈话对象的动机和关注点是什么，从而为其量身打造一段"发言稿"，这样既可以向对方表明我们的界限，又可以让对方看到自己可以从中获得哪些好处。

应用这种策略需要很高的情商和共情能力，这也是沟通中非常具有感染力、非常有效的策略之一。现在请你想象一下，周日下午，你妈妈突然出现在你家门口，并用你给她的备用钥匙打开了门。这种做法让你感到困扰，因为你认为这是侵犯你的隐私和对你缺乏尊重的表现。你当然可以一五一十地把想法告诉她，比如对她说："你来之前也不通知我一声，就这么突然出现在我家里。我很讨厌这样，因为我觉得自己的隐私被侵犯了，你不打一声招呼就过来，还自己开门进来，这实在是不尊重我。"这样的话语确实能展现出你的"自我肯定",但更好的说法可能是:"妈妈,如果你要来我家,我希望你能提前一点告诉我,这样我就可以空出时间,不安排其他计划,多陪陪你了。而且这样也可以避免你一进门就看到我和安东尼奥在一起,我相信你肯定不想这种情况发生。所以,下次你打算过来的时候请先告诉我一声。"

简而言之,只要有可能,就要尽量让对方知道我们设定的界限会给他自己带来哪些好处,这可以大大提高设定界限这件事的成功率。

07 让对方认可我们的动机

有一种可能性是,尽管我们使用了"我……"句式,但对方还是坚持自己的立场,并想方设法为自己的行为辩护,没有任何改变的意图。其实,只要对方没有侵犯我们的合法权益,没有触犯法律,其行为就应该得到尊重,因为对方和你一样,也有表达自己的观点和需求,并采取相应行动的权利。

在这种情况下,如果我们不想放弃,希望继续和对方协商的话,可以考虑使用下面这种策略,这种策略可以让我们继续以友好的态度和具有建设性的表达方式和对方交谈,让双方的立场更加接近,以便达成共识。该策略的实施要点是,先对对方的权利或需求表现出理解和尊重,再表明我们的感受或需求,最后提出一个双方都满意的解决方案。我们要努力让对方感到自己被尊重和认可了，这会使他们更愿意反思自己的行为并认可我们的动机。

以某人在和我们交谈时回短信的情境为例。

首先，用"我……"句式开头，说明自己的感受，并提出解决方案，例如：

"我感觉自己被你忽视了。我在和你说话，你却一直在捧着手机回信息。我们交谈时你能把手机放在一边吗？"

此时，对方可能没有改变自己行为的意图和动力，于是找理由为自己的行为辩解，例如：

"我的朋友克劳迪娅给我发了一条非常重要的消息，我必须回复她。"

然后，就可以用到上面提到的策略。

第一步，认可对方的权利或需求，例如：

"玛尔塔，你需要回复你朋友的消息，这我可以理解。"

第二步，表明我们的需求，例如：

"但我认为我也有权被倾听、尊重，就像每次你和我说一些对你来说重要的事情时，我都会认真听。"

第三步，提出解决方案，例如：

"所以，如果你和你朋友确实有急事需要商量，我希望你能明确告诉我，说你现在无法跟我说话，以及何时能抽出时间，全身心地投入你我的对话之中。"

这里再举几个例子供大家参考。

（1）"你说的我能理解，我也觉得很有道理，但你的要求我做不到，因为这样做太冒险了，我很可能因此失去工作。"

（2）"这顿晚餐你们已经安排好了，我也是你们计划的一部分，这我当然能理解。但我之前根本不知道你们的安排，我现在真的太累了，完全不想动。"

（3）"我知道你最近很忙，但一周前我们就说好了，你得把我的笔记还给我，因为我要用。"

如果经过此番尝试之后对方还是不肯让步，那么我们便可以运用"刻光盘"技巧了（下一章会讲到）。请始终让自己的语气听上去坚定但不咄咄逼人。

12

说"不"的策略

01 说"不"就好，无须任何解释
02 感谢 + 拒绝 + 礼貌地祝福
03 感谢 + 拒绝 + 提供替代方案
04 请求延期答复
05 运用"刻光盘"技巧

> 四十岁之后，我学会的最重要的事就是在该说"不"的时候说"不"。
> ——加夫列尔·加西亚·马尔克斯

    总是很难说"不"，通常意味着不得不在很多非必要的事情上投入时间、汗水、金钱，最终备受困扰。什么都想做可能意味着什么都做不成，不仅没有收获，还觉得被琐事压得喘不过气来，陷入深深的沮丧之中。如果我们总是觉得时间不够用，或者意识到有好多事想做，奈何时光飞逝，根本没有做的机会，就意味着我们该停下来反思一下了。请问问自己，有没有把时间花在自己真正想做的、对自己来说很重要的事情上。

    西班牙作家、经济学家何塞·路易斯·桑佩德罗说："时间并不是金钱，因为金钱一文不值。时间其实是生命。"也就是说，当我们把时间花在一些优先级不高的事项上时，我们就是在将生命奉献给无关紧要的东西；当我们忙着做一些不重要的事情时，我们就是在浪费生命。

    我们无法阻止时间的流逝，生活无法倒带，也永远不能重来。人终有离去的一天，因此每个人都应该向自己承诺，尽一切可能让自己在大限将至之时觉得这一辈子是值得的。既然时间是有限的，那么在该说"好"的时候说"好"，该说"不"的时候说"不"，就显得尤为重要。

下面我会介绍一些策略，它们能帮助我们在说"不"的时候显得坚定而不粗鲁。但在此之前，我们最好先反思一下，生活中各项事务的优先级是怎样的，以及自己是否正在根据事务的优先级来安排日程。

请认真想一想：

哪些人、哪些活动可以让自己感觉良好？

什么可以让自己感到平静？

自己的目标是什么？是什么让自己离目标更近，又是什么让自己离目标更远？

有哪些事情是自己想做却没有时间做的？

自己把多少时间花在了做不重要的事情上，以至于没有时间去做重要的事情？

自己安排时间的方式会影响自己与所爱之人的关系吗？

在哪些情况下说"好"，在哪些情况下说"不"会对我们的生活产生多方面的影响，对此进行反思有利于我们意识到这些日常生活中的小决定有重要作用。思考这个问题时，我们可能会发现，自己做决定时很容易受类似下面这些想法的影响："其他人会说什么呢？""我不想给别人留下不好的印象。""他会认为我很粗鲁。"考虑这些并以此为出发点行事永远不会让我们感觉良好，因为在内心深处我们明白，我们做很多事不是因为想做，我们是在浪费生命。

尽管进行反思有利于我们意识到学会说"不"的重要性，但想要在说"不"时丝毫不内疚，可能需要一个很漫长的过程。在这个过程中，我们需要不断走出舒适区。而且，我们以前越是在意别人的看法，越是想讨别人欢心，现在要做出改变就越难。这是因为，一方面，我们的思维方式决定了我们在拒绝别人时内疚感会很强烈；另一方面，那些已经习惯了从我们这里听到"好"的人，很可能会给我们施加压力，阻止我们改变。这是一场艰难的战斗，而下面讲到的策略会成为我们的好帮手。

01 说"不"就好，无须任何解释

很多人觉得最难办的事之一就是在说完"不"之后，不给出任何解释。这是因为，他们认为不解释一下自己为什么不能做或不想做某事是对他人无礼或粗鲁的表现。正如我们前面提到的那样，这样想犯了两个错误。第一，如果认为"自己不想或不能做某事"这一事实不足以成为拒绝的理由，就等于认为自己的需求或情感毫无价值；第二，"解释"这一行为相当于亲手为对方打开了追击的大门，对方会借此机会不断地寻找论据或替代方案，坚持自己的立场。请记住，当我们没有给出解释时，对方就没有可"发力"的地方，因为我们只是在简单地陈述一个事实：我不想做某件事，我的想法不容置喙。

在这里，有必要重申一下对对方说"不"和听到对方说"不"分别意味着什么。坦诚地对对方说"不"，实际上意味着我们足够信任对方，因为我们认为在对方面前，我们可以直截了当地表达意愿，无须找理由来粉饰自己的想法。同样，在听到对方说"不"时，我们也应该对对方真诚坦率的态度表示赞赏，并意识到这是对方信任我们的表现。

有一件事很重要，我们一定要记住，那就是如果我们之前一直在试图取悦别人，那么想要改变是需要时间的。因此，当我们意识到应该说"不"但还是下意识地说出"好"的时候，不要沮丧或苛责自己，要保持冷静，多给自己一点时间。我们只是需要练习、练习再练习，并且始终宽容地对待自己。渐渐地，我们会熟悉说"不"的感觉，直到完全习以为常。

为了实现这一目标，除了运用本章中介绍的策略之外，我们还可以记住一些常用表达，方便自己在措手不及的情况下能将拒绝的话脱口而出。下面这些句子能让我们无须进一步解释即可干脆地拒绝他人：

（1）"我不想，谢谢您。"

（2）"很抱歉拒绝你，但这是不可能的。"

（3）"很抱歉，我办不到。"

（4）"今天我不想动，但还是非常感谢你的邀请。"

（5）"老实说，这我办不到。"

（6）"老实说，我不愿意。"

（7）"今天不行，谢谢，下次吧。"

（8）"非常感谢，但我今天不想这样做。"

02 感谢 + 拒绝 + 礼貌地祝福

想要以自我肯定的方式说"不",以下是最基本的策略:先感谢对方(比如感谢对方的建议、邀约或信任),然后友善地说"不",具体话术可以是"真抱歉"或"我不想",具体用哪种视情况而定,最后加上一句礼貌的祝福。这句礼貌的祝福有两个功能,一是在拒绝的同时表达善意,给对方送去美好的祝愿,二是巧妙而优雅地暗示对方"到此为止吧,别再坚持了"。

还记得之前提到的非语言沟通技巧吗?说"不"时,最好用坚定、平静的语气,同时与对方保持目光交流。如果还能面带微笑(注意要真诚),或用表情传达诚挚的感激之情,那么尽管我们是在拒绝对方,但对方大概率能够接受,且不会觉得不快。

例如:

A:"你今晚会来参加聚会吧?"

B:"非常感谢,但我不能去。祝你玩得开心!"

A:"我已经在家里准备好晚餐了,你可千万不要错过!"

B:"非常感谢你的邀请,但我有约了,实在抱歉。你们好好享用吧!"

A:"我必须在明天之前完成这份报告,但时间不够了,而你是唯一一个有能力帮我的人。我应该把材料发到你的哪个电子邮箱呢?"

B:"谢谢你的夸奖,但这个忙我帮不了,抱歉。希望部门里的其他人可以帮你。"

A:"你今天下午能帮我照看下孩子们吗?有人邀请我去看电影,那部电影我真的很想看。"

B:"很感谢你对我的信任,但今天下午我已经有安排了,不好意思,希望你能找到可以帮你的人。"

03 感谢+拒绝+提供替代方案

这个策略是上一个策略的变体,只是把"礼貌地祝福"变成了"提供替代方案"。有时,我们的回复很容易被谈话对象理解成我们对他缺乏兴趣或是在搪塞他,尤其是在我们刚开始和他建立联系时。如果我们实际上对他非常有兴趣,不想让他误会,那么这个策略就能派上用场了。在拒绝他的提议时,不忘提供替代方案,这样我们就可以传递以下信息:我现在不想/不能做你提议的事,但我愿意继续与你保持联系。

例如:

A:"你今晚会来参加聚会吧?"

a）B："非常感谢，但今天我去不了。我们周日再约怎么样？"

b）B："谢谢你的邀请，但我不喜欢参加聚会，要不明天我们安排一个安静点的活动吧？"

c）B："谢谢你邀请我，但我不想去。明天我被邀请参加一个活动，你想来吗？"

在刚刚与对方建立联系时，这种策略不但可以帮助我们在拒绝对方的提议时依旧表现出对对方的兴趣，也有助于我们分辨对方是否对我们感兴趣。当我们提出一项计划时，对方拒绝了并且没有提供替代方案，那么对方的言外之意很可能是"我没兴趣再次与你见面"。当发现这一点时，应该给彼此留一些空间，不再贸然行动。

04 请求延期答复

很多时候，我们会在还不清楚应该作何决定时就被催着做出回应。面对这种情况，一个很好的应对策略是要求对方多给我们一点时间，让我们再好好想想。采取这种策略有利于我们少吃一些"后悔药"，也能避免之后再告诉对方"我改主意了"——要知道，这往往比一开始就明确说"不"还要让人不舒服。

因此，我们应该善用"请求延期答复"这一策略。同样，当别人请求延期答复时，我们也应该予以尊重。

例如：

A："我正在组织大家下个月一起去旅行，你也一块儿来吧，好吗？"

B："谢谢你想到我，但我现在不能给你确切的答复。再给我几天时间吧，我到时候会答复你的。"

A："这个周末我要去参加婚礼，你能帮忙照看一下我女儿吗？"

B："这个周末我和女朋友打算出门。这样吧，我先和她商量一下，之后再给你答复。"

A："我们为克劳迪娅准备了生日派对，打算每个人出30欧元，一起送她一份礼物，你要加入吗？"

B："让我先考虑一下，明天再回复你。"

使用这个策略后，如果对方仍然坚持，我们就可以运用"刻光盘"技巧了，还可以通过交叉双臂或双腿来传递疏离、拒绝、自我保护和"对话到此结束"等信息。

05 运用"刻光盘"技巧

"刻光盘"技巧在说"不"这件事上是非常有用的，尤其是当谈话对象不遗余力地向我们施压或试图进行情感勒索时。这个技巧其实很简单：不断重复表明自己不想或不能做对方要求我们做的事，直到达到目的为止。这个过程中，不要变换说辞，也不要给出更详细的解释。另外，提醒一句，把这个技巧和前面提到的策略结合使用，会有奇效。

以下面这个场景为例。

你的儿子保罗坚持要你给他钱，因为他要去买电子游戏。你认为这不合适，因为他本周没有做作业。于是你回答道："我不会给你钱的，因为你这周没做作业。"

保罗仍然坚持要你给他钱，还摆出一副最无辜的模样看着你。对此，你可以这样回应："不，保罗，这周你没有尽到你的责任，所以我不会给你钱。"他也许还会继续坚持，把同样的要求重复2~200次不等（这要看他的毅力了）。不管他重复多少次，你都要坚持你的意见。需要注意的是，在重复的过程中不要提高音调，声音不要越来越大，也不要表现出一丝一毫的攻击性（尽管保持耐心是很困难的事，但此时必须既保持耐心，又表现出绝不通融的态度），只是用平静而坚定的语气，一遍又一遍地重复相同的内容。

幸运的是，大多数人并不像未成年人那样总是不达目的不罢休，所以换个角度看，和这些未成年人打交道是很好的训练机会。请记住，如果你能对付一个十来岁的孩子，应付其他人就都是小菜一碟了。

下面的例子中融入了"刻光盘"技巧，大家可以参考。

A:"马克思,我今天过生日,晚上要开派对,你来喝一杯吗?大家都会来。"(请求)

B:"谢谢你,克里斯,但我去不了,因为明天早上我有一个很重要的会议。"(回复)

A:"这可是我的生日派对呀,你真的不来喝几杯吗?来吧!人活着就得及时行乐嘛。"(坚持)

B:"真的谢谢你,但我去不了,明天我有一个很重要的会议。"("刻光盘")

A:"来吧,待一会儿就走呗,别对自己那么狠。"(坚持)

如果用过"刻光盘"技巧后,对方仍在坚持,就可以把该技巧和其他策略结合起来使用,如结合"感谢+拒绝+礼貌地祝福"策略,以便传达"对话到此为止"的信号。一般这样做之后,对方就不会再坚持了。在上面的场景中,B可以这样说:

B:"谢谢你的邀请,但我真的去不了,祝你们玩得开心。"

至于肢体语言,可以让身体和脚稍稍偏向一侧,不要正对着对方,眼睛甚至可以不再看向对方,以此传达要结束对话的信号。这样,对方哪怕有一丁点儿的理解能力,也应该明白,我们的潜台词是:"不要坚持了,谢谢。"

但是,如果我们遇到的是个极度难缠的家伙,到了这种时候仍在坚持,那么我们就应该以更加坚定的态度,更加直接和明确地告诉他"别再坚持了"。例如:

A:"你是在和我说你不会来吗?你是认真的吗?"(坚持)

B:"我是认真的。谢谢你邀请我,但我不会去的,明天的会议真的很重要。别再坚持了。"("刻光盘"+"别再坚持了")

和"别再坚持了"相搭配的非语言沟通技巧可以视语境和谈话对象而定。在上面的例子中,我们的谈话对象是一个有点喜欢操纵他人、不达目的不罢休并且不太尊重他人决定的同事,面对这样的人,我们应该用严肃的表情和坚定的语气来表现出强硬的态度。但如果我们的谈话对象全无操纵意图呢?比如,我们一个朋友的奶奶在我们拒绝后坚持要我们留下来吃午饭,她这样做并不是想操纵我们,而是以为我们是出于礼貌,或是不想麻烦别人、不好意思的心理才拒绝她的邀请的(在有的文化背景下,人们容易做出这种解读),我们就应该利用肢体语言,来减轻"别再坚持了"这一信息的"杀伤力"。例如,

拒绝对方时，我们可以把眼睛闭上一小会儿，同时把手放在胸口，并稍稍低下头。这样做的好处是，尽管我们给出了非常明确的拒绝信号，但我们用肢体语言传递的信息是温和的，即"我请求你别再坚持了，谢谢"。这种非语言沟通技巧适用于那些想表达得很直接，但又不希望自己显得过于强硬的情境。

13

如何回应批评

01 以自我肯定的方式加以回应
02 运用"烟幕弹"技巧
03 运用"三明治"技巧
04 如何应对"玩笑式"批评

当你懂得每一个观点都与个人经历有关时,你就会明白,每次评判都是一种坦白。

——尼古拉·特斯拉

想要妥善应对批评,需要预先进行"修炼":学会将他人的观点当作观点,而不是绝对真理。

一个人对某人、某事、某物的判断是在多种因素的影响下形成的,这些因素包括个人经历、预期、价值观、个性、偏好、文化环境、教育背景,以及当时的情绪状态等。这些因素(以及其他同样会产生影响的因素)排列组合起来有无数种可能,因此对于同一个人、事、物,每个人的判断都可能不一样。

我们究竟如何断定一种判断比另一种判断更正确呢?如果我们倾向于认为别人的判断比我们的判断更正确,就会陷入这样的误区:根据别人的判断做决定,并根据别人的判断来评价自己的行为。简而言之,就是根据别人的意见来定义我们的"事实"。这简直错得离谱。这样做除了会影响自己的判断力之外,还会让自己陷入无尽的挫败感中,因为没有人能获得所有人的认可,总会有人不喜欢我们的行事方式,或是不认同我们,甚至批评我们。只有承认这是常态,并坦然接受,才有可能过上平静的生活。

如果把人生视作一部电影，那么每个人不仅应该成为这部电影的主角，还应该成为导演。我们不能任由别人为我们做决定，因为每个人都有自己的生活，想做决定也应该由自己来做。所以，当有人试图操纵我们，或将他的观点、行为方式强加于我们时，我们必须让他明白这一点。我们必须学会说："管好你自己吧，我的生活由我负责。"而且，还要学会在这样说时并不会感到内疚。一定要记住，这样说没有任何问题，因为我们只是在尊重自己而已。

当然，这并不意味着我们不应该听取他人的意见和批评。我们不应错过他人向我们提建议的机会，因为这些建议或许有利于我们学习和成长。我们必须学会倾听他人的声音，以便自我提升或从错误中吸取教训。否则，我们就会变成一个故步自封的"自恋者"。

想要以正确的态度应对他人的批评，有两个要素非常关键：一是判断力，二是自尊。首先，我们需要相信并利用自己的判断力，来对他人的批评进行评估，听取有用的意见，反驳或忽略没有用的意见。其次，我们要始终明确以下几点：不要将别人的批评全部当作人身攻击；不要别人说什么都接受；不能认为别人的观点永远是对的，别人的意见永远高于我们的意见，想都不想就改变自己的处事方式。

要做到这些并不容易，需要我们拥有高自尊，不会因为别人批评自己就觉得自尊受到了伤害。顺便说一句，如果你是这样的人，就意味着你应该努力提高自尊水平。

有些批评并没有很大的建设性，因为批评的发出者不但缺乏同理心，还带有操纵我们的意图。面对这样的批评，我们可以用以下方式和技巧来应对。

01 以自我肯定的方式加以回应

面对批评，我们应该避免以下三种反应：
（1）想都不想就正面反击（攻击性反应）。这样做很可能导致双方彼此攻击，争论不休。
（2）保持沉默、被动附和或未经反思便道歉（被动反应），即未真正意识到自身问题就盲目妥协。
（3）先假意附和，再伺机攻击（被动-攻击性反应）。

在面对非建设性的批评以及带有操纵意图的批评时，我们可以用自我肯定的方式做出回应，直接告诉对方，他批评我们的方式让我们感到不舒服。

例如：
（1）"你能用友善一点的态度和我说这些吗？你的语气让我感到很不舒服。"
（2）"我觉得你用不着这么和我说话，这些话让我不舒服。你能用更有建设性的方式给我提意见吗？"
（3）"我希望你对我说话客气点。"
（4）"如果你能以更具建设性的方式向我提意见，我会十分感谢你。"

运用否定疑问句

有一种自我肯定的回应方式是这样的：开诚布公地询问对方为什么批评我们，而不是直接否认自己的错误或展开反击。我们可以使用如下句式：

（1）"你认为我的做法有哪些地方不对呢？"
（2）"你为什么认为我的做法行不通？"
（3）"你觉得我有哪些方面做得不合适？"
（4）"你为什么认为我的想法是不对的？"

面对对方的批评，用自我肯定的方式抛出一个问题作为回应，可以传递三个信息：第一，我们不会开启或加入一场互相攻击的游戏；第二，我们愿意在不互相攻击或贬低的情况下继续对话；第三，我们愿意接受真诚的、有理有据的批评。接下来，根据对方的回应，我们可以判定其批评是否具有建设性，以及我们是否应该接受。此外，通过提问，我们还含蓄地向对方表明了我们的态度——下次再说这样的话时，请换一种方式。

02 运用"烟幕弹"技巧

这种技巧的核心在于，平静地承认对方所说的话中可能有某一部分或很大一部分是事实，但我们拒绝轻易改变自己的行为或观点（只要我们没有侵犯到他人的权利）。

例如：

A:"你的音乐品位实在是太差了，你听的东西都是垃圾。"
B:"也许这不是世界上最好的音乐，但我喜欢。"

A:"你的手机在街上被抢了吗？为什么非要把手机拿出来，还那么不小心呢？傻子才这么做呢。"
B:"我可能不是最聪明的，但这种事只有一个过错方，那就是抢劫犯。"

A:"你打算穿成这样出门吗？看来你很喜欢吸引别人的目光啊。"
B:"没错，我确实喜欢引起别人的注意。"

由于我们不反击、不解释，因此批评者一般很难继续说下去，因为他们找不到可"发力"的地方了。

03 运用"三明治"技巧

这一技巧既可以在提出批评时使用，也可以让我们以优雅的姿态有力地回应批评。

批评他人时

该技巧的运用方式是，先说一些带有肯定意味的话，然后提出批评，最后再说一些肯定对方的话。这样，批评的话语就被夹在了肯定性的话语之间。有了开头和结尾的缓冲，对方会更容易接受批评，也会更愿意改变原来的做法，因为他们不会觉得自己受到了攻击。

例如：

"我喜欢你的演讲，虽然有时听起来有点底气不足，但你自始至终都能很好地吸引观众的注意力。"

面对批评时

当我们不同意别人的批评时，相比于直接回击，更好的处理办法是运用"三明治"技巧，尤其是在职场中，当批评我们的人职位高于我们时，这一技巧非常有用。我们首先要做的是分析对方的话语中有哪一部分是我们赞成的，然后明确表示同意。这样，对方就会知道我们无意发起反击、与他们针锋相对，就会更愿意冷静地倾听我们的想法。接下来，就轮到我们表达不同意见了。我们可以这样做：

（1）阐明自己之前的想法。

（2）提出解决方案。

（3）询问对方，在他看来，这样的解决方案好不好，还有没有其他解决方案。

这样,我们就能用肯定性的话语来"夹住"否定性的内容,从而既优雅又有力地对自己不完全同意的批评做出回应。

例如:

A:"你做的这个报告太长了,很多细节都是以前测试的结果,完全没必要加进来。"

B:"你说得对,报告确实有点太长了,但我认为有必要解释一下都做过哪些测试,得到了哪些结果,这样才能证明最终结论的合理性。无论如何,很感谢你的意见,我会考虑的。我想把第三点再说得精练一些,你觉得怎样?或者你觉得删掉哪一部分好呢?"

04 如何应对"玩笑式"批评

一个眼神胜过千言万语

当有人用"幽默"的方式取笑或批评我们时,我们往往容易落入陷阱,跟着对方或周围的人一起哈哈大笑(即使我们并不觉得好笑),这可能是因为我们想装作满不在乎的样子,或干脆压抑自己的感受,以免别人觉得我们太一本正经或开不起玩笑。

但是,如果我们允许某人对我们说一些带有伤害性的或令

161

人不安的话,没有向他挑明应该遵守怎样的界限,我们就是在给这种不尊重我们的行为亮绿灯。加不加幽默这份"调料"都无法改变他不尊重我们这件事,所以我们必须想办法告诉他,他刚才说的话让我们很不舒服。

需要承认的是,当批评是用开玩笑的方式说出来的时,我们设定界限时会更有压力,因为在这种情况下,"设定界限"似乎不单单是在保护自己、表达不满,还意味着我们是一个没有幽默感的人,想要剥夺别人哈哈一笑的机会。但实际上,无论是不是真的在开玩笑,任何人都不应该随意批评他人或不尊重他人。如果某人的话让我们感到困扰,无论他是不是用开玩笑的语气说出来的,我们都必须直接和他讲清楚,以免他将来故技重演。

面对"玩笑式"批评时,第一个可以使用的策略很简单,那就是表现得严肃一些,不要因为对方的"笑话"而发笑,同时,直视对方的眼睛。在人脑的很多部分中,都有一种名为"镜像神经元"的神经元。有科学家推测,这种神经元与理解他人感觉(共情)有关。当我们保持严肃,并与对方保持目光接触时,对方脑中的镜像神经元会被激活,对方就可能意识到自己刚刚做的事让我们感到很不愉快。有时,对方会因为意识到我们的不快而为自己的行为道歉。如果对方意识不到或毫无歉意,我们可以采取以下策略。

揭露对方的意图

我们可以以自我肯定的方式直接向对方表明，我们认为他批评或嘲笑我们的意图是什么，以及他的行为有哪些不当之处。

具体表述方式如下：

（1）重复对方的话，例如："当你第三次问我头发是不是自己剪的时……"

（2）说出对方的意图，表达自己的感受或想法，例如："我感觉你在嘲笑我。"

（3）直接抛出一个问题，让对方回答"是"或"不是"，例如："这是你的本意吗？这样做很不礼貌。"

以上三步走完后，对方很可能会意识到自己的行为是不对的，并向我们道歉。如果我们面对的是一个真正的浑蛋（比如对上面最后一个问题的回答是"是"），也不用慌，只需盯着对方，用冷静而坚定的语气继续发问，例如："有意思……你为什么要这样做呢？"

对话进行到这里，有以下两种可能：要么对方发现自己被逼入了死胡同，于是找理由解释，并试图道歉；要么对方觉得自己的行为没问题，也就是说，对方确确实实是一个无可救药的傻瓜。如果情况是后者，那么我们能够得出的结论是，和这种人没有继续谈下去的必要了，赶紧远离他吧。

14

面对操纵者，应该如何设定界限

01 尽量不让情感外露
02 注意肢体语言
03 多使用祈使句
04 让对方看到自己正在做什么
05 这样回应无礼言行
06 这样回应说教
07 这样回应"意见专家"
08 这样应对爱说闲话的人
09 这样回应爱指责别人的人

对于操纵者来说，不按照自己的心意做事的人都是叛徒。
——无名氏

当我们发现某人试图操纵我们时，最好不要和他建立任何类型的关系，只有这样才能让自己远离攻击、虐待以及有害的关系。然而有些时候，想要避开操纵者并非易事，因为我们的家人或同事中很有可能就有这样的"危险分子"。如果是这样的话，最好只与这样的人保持最基本的互动，必要时，可以使用后面介绍的策略。

操纵者有一种强大的能力，那就是在我们不按照他们的想法做事，或对双方的相处方式提出意见时，他们总有办法让我们感到内疚、恐惧、羞耻或自轻自贱。当我们对一个操纵者设定界限时，他最常见的反应是怒火中烧，以便让我们认为是自己做错了，并感到内疚，这样我们就会在他的意志面前低头。面对这样的人，我们必须保持坚定，绝不屈服。请记住，在这场战斗中，我们绝不能让自己被击败。因此，我们需要清楚地知道如何面对操纵者。

对于习惯了迎合别人或过分善解人意的人来说，这场战斗会更加艰难，因为他们总会从操纵者的境况、过往经历或性格出发，为操纵者的行为找理由，最终合理化并容忍操纵者的行为。但是，在"理解"和"容忍"之间有一条非常非常细的界线，我们必须明确这条界线在哪儿，并且时刻提醒自己绝对不能跨过去。请记住，我们可以去理解一个人为什么要操纵别人，但这并不意味着我们要容忍他这样做。

上面提到的这种容忍常常发生在夫妻之间。在这样的关系中，被操纵的人很有可能选择原谅操纵者，因为"他有一个非常艰难的童年""他最近过得很糟糕""他小时候总是被他爸揍""他这么没安全感都是因为他以前的伴侣""他最近工作压力很大"等。但是，同情一个人是一回事，而容忍他的罪行、免除他的责任则是另一回事。我们每个人都需要对自己的行为负责，对遇到的问题负责，并在必要时寻求专业人士的帮助。也就是说，有一个艰难的童年、压力大、处处不顺等都不能成为一个人伤害别人的理由。作为一个成年人，我们有责任面对自己的过去，努力修复它我们造成的情感创伤，并且不让那些黑暗的往事和伤疤给他人带去负担；我们也有责任积极应对生活中的困境和挑战，而不是将责任归咎于外界，或迁怒于他人。

记住这一点很重要，因为这样我们就不会成为任何人的出气筒，也不会动不动就拿别人出气。想要找出气筒的话，就来找像我这样的专业的心理咨询师吧。作为心理健康方面的专家，我们这些人有能力承受来访者带来的"打击"，并且在这个过程中保护自己，因为我们与来访者没有除咨询关系之外的其他关系，也懂得如何与来访者保持距离。在咨询过程中，来访者可以学习如何更好地管理情绪，改变适应不良性行为，治愈情感创伤等。在这一过程中，负责指导他们的只有心理咨询师。无论是来访者的母亲、伴侣、兄弟、表兄弟，还是朋友，都没有责任去"改变"来访者的行为或思维方式，这种"改变"得由来访者亲自操刀（当然是在其心理咨询师的帮助下进行）。

很多选择与操纵者维持一段关系的人，一开始的目的往往是帮助对方，直到有一天，他们发现自己已经被对方的"触手"缠住，自己反倒成了需要帮助的人。因此，如果你觉得自己很同情某些有不幸经历的人，并且认为他们需要帮助，那么你能为他们以及你自己做的最好的事，就是建议他们去找专业人士帮忙，同时和他们保持社交距离，离他们越远越好。

也许有人会问："如果我就是无法远离某个控制欲强、试图操纵我的人，那该怎么办呢？"首先，需要明确的是，不要帮对方找借口，也不要对操纵行为视而不见。我们可以学着用自我肯定的方式，向这种人明确表明我们设定的界限。下面这些策略会对我们有帮助。

01 尽量不让情感外露

如果我们无法与操纵者保持"零接触"，那么最好别和他们多说一个字，尽量用礼貌、平静但坚定的语气交流，保持必要的联络即可。面对他们时，我们必须尽可能保持冷静，因为一旦让他们察觉到他们有能力影响我们的情绪，他们就会变本加厉。因此，我们要尽一切可能控制自己的情绪，不要慌乱，不要显得咄咄逼人，也不要屈服，要用坚定的态度和语气应对，不让自己落入他们的操纵之中。这样的方式可能会让他们生气，甚至会使他们操纵我们的欲望进一步加强。此时，可以使用以下方法和技巧："烟幕弹"技巧；一边表示理解，一边用"刻光盘"技巧（不超过三次）；干脆地结束谈话。

例如：

A："我不想让你一个人去旅行……你要记住我对你说的话，我是你妈！"（操纵性话语）

B："我知道一个人旅行可能会遇到一些问题，但我现在已经是成年人了。我已经决定了，我要去。"（"烟幕弹" + 坚定地表达观点）

A："你妈妈我因为你而担惊受怕，你就一点都不在乎吗？"（坚持操纵）

B："我理解你的立场，但我已经做出决定了。"（表示理解 + "刻光盘"）

A："我为你付出了那么多，而你根本不在乎我是否难过！"（坚持操纵）

B："我独自旅行这件事让你很担心，这我理解，但这事儿已经决定了，别再说了。"（表示理解 + "刻光盘" + 结束谈话）

02 注意肢体语言

与喜欢操纵他人的人打交道的关键点之一是捍卫自己的尊严，传递笃定感，因此，肢体语言显得尤为重要。如果肢体语言传达的是恐惧或屈服的信号，那么我们是没办法赢得尊重的。为此，我们需要用到自我肯定的非语言沟通技巧，同时注意调整语气和眼神。

首先，语气可以坚定一点，如果可以的话，还可以严厉一些，这会让我们看起来更加强硬（在某些场合，这种强硬的姿态是必要的）。其次，我们需要用眼神传递这样的信息：我很清楚自己的权利，我不允许你侵犯它们，就像我也不会侵犯你的权利一样。为了能够用眼神传递这样的信息，我们需要在内心一遍又一遍地重复它，同时与对方保持目光接触，就好像双方在进行心理较量一般。这一方法非常有用，它能让我们逐渐学会用眼神来表露内心的情感，从而让口头信息得到强化。本章中的大多数策略都可以配合这样的非语言沟通技巧。

03 多使用祈使句

当操纵者侵犯我们的权利、不尊重我们或故意越过我们设下的界限时，最好非常直接地向他们传递"我绝不会允许你越界"这一信息。这时候就不要和他们兜圈子或费口舌了，直接下命令吧，用上"停下""别再说了"这样的句式。

对于习惯了逆来顺受的人来说，这样做可能很困难，因为他们会觉得这样说太直接了，甚至认为这种方式有些粗暴，但这其实是一种自我保护策略。有时候，这甚至是不让他人伤害自己的唯一办法。

以下是一些参考。

（1）"别打断我，我还没说完。"

（2）"请不要对我大喊大叫。"

（3）"别再拐弯抹角地说我疯了。"

（4）"我不允许你侮辱我。"

（5）"别再这样做了，你是在侵犯我的权利。"

（6）"少用那件事来绑架我。"

（7）"不要再这样对我了。"

（8）"少为那件事责备我，我可忍不了。"

（9）"我不允许你这样不尊重我。"

04 让对方看到自己正在做什么

当某人用极具攻击性的方式和我们沟通或试图操纵我们时，我们可以使用下面这个策略。该策略分两步：第一步，一五一十地向对方描述他的行为，让他清楚地看到自己的所作所为；第二步，警告对方，如果他不改变沟通的方式，那么对话到此为止（也就是说，明确地设定界限）。

例如：

（1）"你刚刚很不尊重我，这一点我是不会容忍的。不尊重人的对话没有必要继续下去。"

（2）"你一直在对我大喊大叫，我看咱们还是换个时间再聊吧。"

（3）"你正在用一种非常咄咄逼人的方式跟我说话。如果你不改变说话方式的话，我们就下次再继续聊吧。"

（4）"这件事不是我的责任，但你现在想让我为此感到内疚。你先冷静一下，好好想想吧，咱们以后再谈。"

05 这样回应无礼言行

有时，沉默胜过千言万语。我想大多数人都曾遇到过口无遮拦的人，这种人会突然抛出一个让人摸不着头脑且不舒服的问题，让人措手不及，不知如何回应。面对这种情况，最好的办法就是保持沉默。保持沉默并不意味着回避或胆怯，而是有意识地运用沉默塑造严肃的形象。保持沉默的要点是，不要回避对方的目光或假装没有听到对方的话，要看着对方保持沉默，沉默大约持续三秒，沉默时表情要足够坚定。这种沉默可以直接而清楚地传递有效信息，让我们无须再浪费口舌。看到这种回应，对方很有可能会意识到自己的问题提得不合适，进而道歉、寻求原谅或转移话题。

如果在我们沉默之后，对方依旧没有意识到问题所在，那么我们可以用问题来回答问题，比如"你为什么问我这个"或"你为什么会对这个感兴趣"。对方回答这个问题时，很可能意识到我们不想回答这种带有冒犯性的问题。

如果在我们刻意沉默和反向提问之后，对方仍旧没有意识到我们不想回答他的问题（也可能是不想意识到或是根本不在乎我们的想法），还给出诸如"我就是想知道而已""因为我关心你啊"之类的回应，我们就应该再直接一些，用上"我……"句式。还可以根据对方的身份或情境，加上诸如"谢谢你的关心"之类的词句。

例如：

（1）"你为我担心，这我很感激，但这件事我不想谈。"

（2）"谢谢你问起来，不过现在我不愿意公开谈论这件事。"

（3）"我现在不想谈论这件事，但还是谢谢你关心我。"

（4）"我希望你不要问我这方面的问题。"

（5）"谈论这个话题让我感觉不舒服。"

（6）"我们最好不要提及这个话题。"

06 这样回应说教

生活中，我们经常会遇到一些喜欢说教的人，他们总是喜欢告诉我们"应该"怎样做，或强迫我们按照他们的做法行事，好像那是唯一正确的方式一样。这时候，我们可以先使用"让对方看到自己正在做什么"这一策略。如果这一策略无效，就换成"用问题去回答问题"的策略，明确地问他们是不是在教训我们或批评我们，然后根据他们的回应确定应对方式。

例如：

A："这个问题你应该在结婚前就考虑到。"

B："我认为你在严苛地批判我，根本没有站在我的角度考虑问题。"（让对方看到自己正在做什么）

A："我不是在批判你，我只是告诉你，你本应该早一点意识到这一点。现在已经太晚了。"（对方不肯善罢甘休）

B："你是说，如果我以前没有意识到，现在我就没有权利改正了？就活该一辈子被坑了？"（不再拐弯抹角，用问题回答问题）

07 这样回应"意见专家"

许多人经常就他人的生活、身体或决定发表意见，但问题是，根本没人问他们的意见。这些人往往振振有词，将这种随意的评判与言论自由混为一谈。为了应对这种情况，我们可以记住一些话术，它们能帮我们以自我肯定的优雅的方式向这些人表明，他们的意见我们根本不想听。

当然，这些评判涉及的主题和造成的影响各有不同，因此，我们要根据实际情况来选择话术。下面是一些常见话术：

（1）"你提意见是想帮我，这一点我理解，也很感激，但我做这件事时不想受到外界的影响。"

（2）"谢谢你的意见，但我已经做出决定了，如果你能尊重我的决定，我会很感激的。"

（3）"我知道你作此评论并不是有意伤害我，但这个话题让我很不安。既然我没问你，你就别再发表意见了。"

（4）"你想提出你的观点，这我理解，但关于这个问题，我不希望再收到任何意见了。"

（5）"感谢你的意见，但这个问题只和我一个人有关，如果你能尊重这一点，我会很感激的。"

（6）"听到关于这个问题的评判让我感到很不舒服，我希望你不要再这样做了。"

（7）"能听到不同的意见和观点，我很感激，但我更希望我没问别人的意见时，大家都不要来指手画脚。"

（8）"这是一个非常私人的话题，我希望你不要对此发表评论。"

（9）"我的身体（或其他方面）不关你的事，我请你对此保持尊重。"

（10）"我的身体（或其他方面）现在这样就很好，我很喜欢，谢谢。"

（11）"我不喜欢人们对我的身体（或其他方面）发表意见，

谢谢。"

（12）"我认为对他人身体（或其他方面）发表意见是很不尊重他人的行为。我要求你不要再这样做了，谢谢。"

以上话术都可以用来回应"意见专家"。我们可以根据"意见专家"的身份、与我们的关系、就何事发表了观点以及意图，来挑出最合适的一种进行回应。

08 这样应对爱说闲话的人

有的人喜欢散布谣言、说闲话，这会给涉及对象带来伤害和痛苦。为了不和爱讲闲话的人同流合污，我们可以用苏格拉底提出的"三重过滤"的方法来应对。

首先来分享一则关于苏格拉底的故事。

有一天，一个人来找苏格拉底，这个人情绪有些激动，因为他从别人那里听到了一些闲话。这个人对苏格拉底说："你知道我从朋友那里听到了关于你朋友的什么消息吗？"

苏格拉底沉默了几秒，说："等一下，在听你说之前，我想先问你三个问题，据此判断你的话是否值得一听。"

"三个问题？"

"没错，我要用三个问题对你的消息进行三重过滤。首先是'真实性过滤'。你确定你要告诉我的消息是真的吗？"

那人回答："不，事实上我只是听别人说的。"

"好的，所以你不确定这是不是真的。那么让我再来问你第二个问题，这回是'善意过滤'。你要告诉我的关于我朋友的事情是好事吗？"

"不是，"那人回答，"恰恰相反。"

"所以你想告诉我一些关于我朋友的不好的事，但你并不确定它是真的。"那人点点头，表示苏格拉底说得对。

"那么让我来问你最后一个问题，这回是'有用性过滤'。你想告诉我的关于我朋友的消息对我有用吗？"

"我认为没有用。"那人又一次说出了心里话。

"那么，既然你想告诉我的消息既不一定真实，又不美好，也没多大用处，那你为什么要告诉我呢？你的意图是什么？"

是否真实、是不是善意的、是否有用，是苏格拉底用来对付闲话的"三个筛子"。如今，尽管二十几个世纪过去了，但在不确定某些内容自己该不该听、某些话自己该不该说时，先用"三个筛子"过滤一下的方法仍然适用。

09 这样回应爱指责他人的人

面对他人的指责，我们不一定非要觉得内疚——实际上只有我们内心的"法官"点头时，内疚感才会袭来。在第六章中，我们曾探讨过关于内疚感的问题，我还给出过一个简单的方法，来判断我们对自己的指责是否公平、合理。

当有人指责我们时，我们可以用第六章中介绍的方法来"自我审判"，问问自己是否真的需要为对方指责我们的事负责。如果我们得出的结论是自己没有责任，就可以按照以下步骤回应对方。

第一步，让对方给出指责我们的理由。例如：

（1）"你到底为什么觉得我应该对此负责？"

（2）"我在哪些方面不尊重你或侵犯你的权利了，让你这么受伤，转而责备我？"

（3）"你为什么认为×××是我的责任？"

第二步，明确告诉对方，他是在试图操纵我们。例如：

（1）"我看你是想让我内疚，因为我没有按你希望的方式去做，是这样吗？"

（2）"当你说×××时，我看你是想责怪我，让我觉得内疚，然后按照你希望的方式去做。"

（3）"我觉得你是想让我对×××负责，你是这样打算的吧？"

（4）"你这样说的意思是，这件事的责任在我？"

第三步，为自己的行为辩护并结束对话。例如：

（1）"我按照自己的需求做出了决定，没有攻击或伤害任何人。如果这都让你觉得困扰的话，也许我们应该停下来看看，是不是你我之间根本就没有和谐相处的可能。"

（2）"事情没有按照你预期的方向发展，所以你感到沮丧，这我可以理解。可是我理解不了的是，你的感受为什么要我来负责。"

（3）"我的生活和身体由我来决定，这是我的权利。如果你对此觉得困扰，那么不好意思，这不是我的问题。"

（4）"我没有侵犯你的任何权利，也没有不尊重你，所以看到你这么愤怒，我只能说抱歉，但可别想把责任推到我身上。"

15

如何
礼貌地
让别人滚蛋

01 就好比水和油
02 "快滚吧！有多远滚多远！"
03 如何回应操纵性话语
04 其他一些带有讽刺、诙谐或幽默色彩的让别人滚蛋的方式

时间会让每个人各得其所，但如果你对某些人说"滚蛋吧"，你就帮自己减少了阻碍。

——费尔南多·费尔南·戈麦斯

01 就好比水和油

读到这里你会发现，各种方法我们都试过了：我们尝试用自我肯定的沟通风格来与他人交流；我们向他人表明了自己的需求，告诉他人我们喜欢什么，不喜欢什么；我们在各方面都力求灵活处理；我们试图站在他人的角度来看待世界……可是如果用过以上方法后还是无法挽救一段关系，那么我们该怎么办呢？

请试着理解一件事：两人合不来、无法好好相处，并不代表其中有一个人是坏人、操纵者或者精神病患者。两个人只是合不来，仅此而已。就像水和油一样，无论我们多么想将它们混合，多么想得到一杯完美的均匀的水油混合物，它们始终无法真正融合。这是谁的错吗？是水有问题吗？还是油有问题？都不是，这只是因为水和油本来就无法相融，就是这么简单。

人和人之间也是一样的道理，有些人像水，有些人像油，两者都没有问题，只是不能融洽地相处。人最容易犯的错误就是，在遇到问题时，非要找出是谁的责任，一旦事情没有如自己预料的那样发展，就一定要揪出一个人来，把错推到他身上，好像只有这样做自己才能安心。但事实是，在很多情况下，不存在罪人和无辜者之分，也不存在好人和坏人之分、英雄和反派之分。尽管我们很难接受，但事实就是这样。

当一段关系维持不下去了，我们就可能这样想：这段关系之所以会破裂，一定是因为对方是坏人，是一个自恋狂（或是利己主义者）。可是，事实果真如此吗？如果与我们交往的是一个别人眼中非常好的善良的人，我们就一定能和他相处得很好吗？如果这个人的界限与我们的刚好冲突怎么办？如果他需要的和我们能给予的（或者反过来）不相符怎么办？如果双方沟通起来总是像"鸡同鸭讲"，因对生活的看法截然不同而争论不休怎么办？

承认吧，一段关系之所以让我们感到痛苦，不一定是对方的错。两个相爱的人可能无法好好相处，因为想让一段关系健康地发展和保持下去，光靠"爱"是不够的。当我们理解了这一点后，就会开始接受，在有的关系中，离对方远一些才是爱对方和爱自己最好的方式。

做出离开的决定，并向对方解释"离开不是因为我不爱你，而是因为，尽管爱你，但这段关系依然让我痛苦"，是一件非常困难的事，但哪怕再困难，也要去做，因为留在这样的关系里会导致我们掉进痛苦的旋涡之中。在那无边无际的苦海里，我们只能竭尽全力、绞尽脑汁、不顾一切地想办法让这段关系维持下去，而这个过程会比结束这段关系更让人痛苦。

想要结束这样一段关系，我们不能简单粗暴地让对方滚蛋，而是要心怀爱意、非常冷静地与对方交谈，让对方明白我们想要放弃这段关系的原因，并且商讨怎样分开才能将对双方的伤害降至最低，尤其是当双方是伴侣关系时。想要做到这一点，一方面，我们需要拥有健康的自尊水平，这能让我们无论多爱对方，都能优先顾及自己的感受；另一方面，我们也需要足够成熟，有强大的情感掌控力，在感情中懂得负责任。这一点都不简单，但这样的分手方式是友好而健康的，无论对对方还是对自己都给予了充分的尊重和关怀。

然而有些时候，我们的痛苦是由内心阴暗的操纵者或施虐者有意识地造成的。面对这样的情况，我们在决定远离他们时就没有必要考虑太多，可以直接让他们滚蛋。我们应该为此痛苦吗？完全不应该！

02 "快滚吧！有多远滚多远！"

有些人受到斥责，或者遇到让自己厌烦或不舒服的人时，想都不用想，就可以直截了当地对对方说"滚蛋吧"。也有很多人处于另一个极端，总是对难以忍受的事一忍再忍，觉得把话挑明的话对方会觉得受到了冒犯。可是这些人忘了，明明对方才是那个做错事的将自己推入苦海的人。更糟的是，这些人总是寄希望于对方,期盼自己的忍让有朝一日可以换来对方的"良心发现",然后对方就会痛改前非,不再让自己受苦。"为了让他改变,"这些人心想,"还是保持沉默,继续忍受下去为好啊。"直到有一天,他们可能会突然发现,自己的尊严已经所剩无几。

如果我们不能坚定自己的立场,不能为自己着想,那么我们也无法要求别人尊重我们。因此,我们必须明确这一点:我们不允许任何人侵犯我们的权利,不尊重我们,试图限制我们的自由或试图操纵我们。也就是说,我们要向自己承诺,在必要的时候会采取必要的行动,尽一切可能在情感层面上保护好自己,即使这会遇到他人的阻挠,即使这意味着不得不放弃一段关系,也在所不惜。

当其他人不站在我们这边时,我们可以想办法解决,可是如果连自己都不站在自己这边,那问题就很难解决了。然而,生活中,很多人的表现向周围的人传递的信息是,他们认为外部认可比内部认可更重要。他们总是试图取悦那些蔑视他们的人,即使这意味着辜负自己。为了取悦他人,他们欣然选择背叛自己,忽略自己的感受,对自己不忠诚、不诚实,然后又经常问自己为何活得如此卑微——谁会真心喜欢一个这样对待自己的人呢?

如果我们不保护好自己,不关心自己,不与自己建立良好的关系,那么对于那些本该向内探求的东西,我们就只能拼命向外求索。我们很难感到满足,这并不是因为没有人愿意给我们那些东西，而是因为即使别人给了我们，我们也会觉得不够，因为我们没有自我滋养。这是一场注定徒劳的追逐，一场永不满足的斗争，为的是拼命填补只有我们自己才能填补的心灵空洞。如果不爱自己，那么得到再多的爱对我们来说都是不够的。

爱自己意味着关心自己，尊重自己，保护好自己，让一切不好的东西离自己远远的，而这通常意味着对它们说"滚蛋"：对关于外表的评价说"滚蛋"，对别人的想法说"滚蛋"，对虚与委蛇说"滚蛋"，对羞耻感说"滚蛋"，对怯懦说"滚蛋"，对情感勒索说"滚蛋"，对别人的期望说"滚蛋"，对谨小慎微说"滚蛋"，对繁文缛节说"滚蛋"，对操纵说"滚蛋"，对尖锐的言辞说"滚蛋"，对卑鄙的行为说"滚蛋"……

快滚蛋吧！是的，你没听错。让它们滚蛋吧。

用非常有礼貌的（和没那么礼貌的）方式说"滚蛋"

说"滚蛋"是一件非常个人化的事情，每个人都可以有自己的风格。有人崇尚优雅，有人善用反讽，有人偏好雷霆手段，还有人喜欢单刀直入、不留余地。我们可以根据个性、需要说"滚蛋"的时机，以及有幸听到这句话的对象，来决定到底使用哪一种风格。可以肯定的是，我们"武器库"里的"武器"越多，就越有希望成为这个领域的专家。

在对别人说"滚蛋"时，有一点尤其需要注意，那就是这样做通常意味着亲手给一次沟通甚至是一段关系画上句号。这样做的意思不是"我不喜欢你对我说的话"或"我不同意你的看法"（至于这类观点如何表达，前面的章节里已经解释过了），它真正的意思是"我不会继续容忍你这样对待我，这一切必须到此为止"。请记住，必须让自己之后的行为与现在传递的信息保持一致，也就是说，我们不能在让某人滚蛋之后，还继续像什么都没发生过一样和他谈笑风生，因为这样做会让我们信誉扫地（顺便说一句，也会让我们尊严扫地）。

也就是说，当我们嘴上对某人说"滚蛋"时，我们在行为层面和非语言沟通层面也必须传递同样的信息。为此，我们需要格外注意三个节点：信息传递前，信息传递时，以及信息传递完毕后。

（1）信息传递前

当与我们对话的人说出带有伤害性或操纵性的话语时，我们首先可以运用非语言沟通技巧，与对方保持目光接触（大约三秒），同时一言不发。凝视是有力的非语言沟通方式，因为眼睛可以说出我们没说出口的话。因此，有时我们根本不用张嘴，用眼睛就可以传递想传递的信息。我们可以在直视对方的眼睛时，脑海中一直想着想对对方说的话，比如"你真是个浑蛋""你是个彻头彻尾的操纵者""你怎么还不滚呢"。这段持续大约三秒的沉默和凝视具有三重功能：第一，传递对对方行为或话语的不赞同；第二，让我们可以具体情况具体分析，评估一下自己想说的话和用嘴讲出来的话是否一致；第三，让我们有足够的时间来思考是不是要换一种表达方式，以及怎样措辞才合适。

（2）信息传递时

我们让别人滚蛋时的态度越冷静，就越能控制好局面以及情绪，让自己尽量显得优雅得体。为此，我们需要以中等音量讲话，音调不要太高也不要太低，口齿清晰，眼睛直视对方，与其保持目光接触。至于身体姿势，没有必要像谈到自我肯定的沟通技巧时建议的那样，保持开放的姿势，因为在这种情况下，我们的目的不只是让自己显得坚定，还有保护自己免受攻击或操纵。因此，最合适的姿势应该是自然地将双臂交叉在胸前（或双手叉腰），直面对方。这不是攻击的姿态，而是一种自我保护的姿态。

（3）信息传递完毕后

此时，我们需要进行"物理撤离"或"心理撤离"。物理撤离就是离开对方所在的地方。我们可以拿起我们的物品，然后转身，头也不回地离开这个空间。通过这种方式，我们可以传递这样的信息：我不仅要告诉你，我不能容忍你继续操纵／虐待我，而且我绝对不会给你继续这样做的机会。

在无法"物理撤离"时，我们只好进行"心理撤离"，也就是用以下方式结束对话：不再与对方保持目光接触，让整个身体（包括目光）朝向对方不在的方向。不再保持目光接触，是因为保持目光接触就意味着继续给对方回应的机会。还要时刻提醒自己眼睛不要向下看，因为眼睛向下看传递的信息是我们很害怕或紧张。通过"心理撤离"，我们向对方传递的信息是"你说什么都跟我没关系了"。接下来，我们可以去做其他事情，如果恰巧无事可做，可以考虑拿起手机给某人打电话或回复信息，拿起一个笔记本并在上面写字，戴上耳机听音乐，或者拿起一张餐巾纸来折纸……做什么都无所谓，重要的是找一件事来做，为的是不再和对方多说一个字。

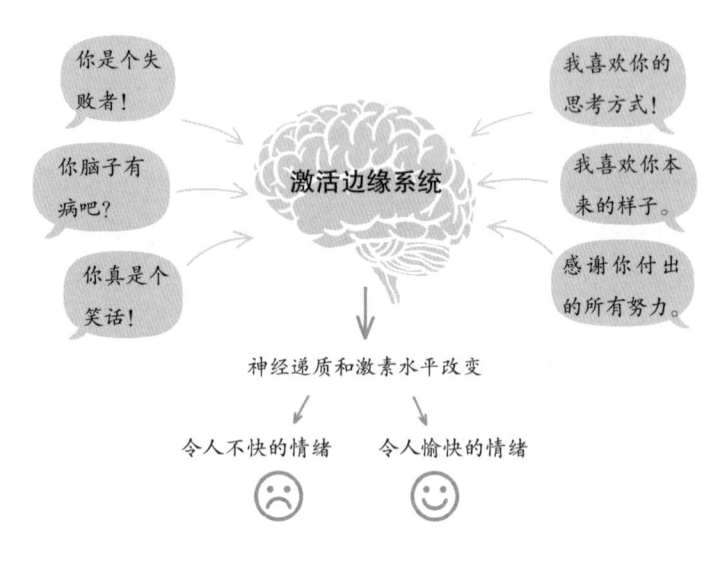

你是个失败者！
你脑子有病吧！
你真是个笑话！

我喜欢你的思考方式！
我喜欢你本来的样子。
感谢你付出的所有努力。

激活边缘系统

神经递质和激素水平改变

令人不快的情绪　　令人愉快的情绪

对于口头信息的传递方式，当然是越简短、越有力越好，无须给出太多我们这样做的理由（因为对方对待我们的方式就是我们这样做的理由），说完后马上撤离即可。

03 如何回应操纵性话语

接下来，让我们看看应该如何回应典型的操纵性话语（当然，这些话术也可以用于回应其他操纵性表述）。强烈建议每位读者展开想象的翅膀，创造出属于自己的回应话术。

回应旨在引发负罪感的操纵性话语

例如："看看你让我做了什么。""我这样做都是因为你。""这都是你的错。"

回应：

（1）"你是在试图操纵我，但这招对我来说已经没用了。"（然后撤离）

（2）"你是想让我因为不该由我负责的事而内疚，真是异想天开。"（然后撤离）

（3）"你是想让我感到内疚／害怕，以为这样就能控制我了，这真是太能说明你是怎样的一个人了，我跟你没什么好谈的了。"（然后撤离）

（4）"像你这种操纵行为我见多了，根本逃不过我的火眼金睛，我一次都不会忍的。行了，我们的谈话到此结束。"（然后撤离）

（5）"你总是试图操纵我，我已经受够了。我绝不会允许这种情况再次发生。"（然后撤离）

回应为谎言辩护的操纵性话语

例如:"我并没有撒谎,只是有些事没有告诉你而已。""我之所以没有告诉你,是因为想保护你。"

回应:

(1)"你确实没撒谎,但这并不意味着你不是个骗子。"(然后撤离)

(2)"遮遮掩掩并不能让谎言变成事实,只能进一步消耗我对你的信任。"(然后撤离)

(3)"这就是你撒谎的理由吗?实在是太荒唐了。抱歉,我不想和对我撒谎的人保持联系。"(然后撤离)

(4)"你不但试图操纵我,还大言不惭、毫无悔意,真是让我既无话可说又失望透顶。"(然后撤离)

(5)"对于对我撒谎的人,我只有一个期望,就是他们能离我远远的。"(然后撤离)

应对"煤气灯效应"

煤气灯效应是一种心理操纵手段,操纵者通过否认事实、扭曲真相、持续质疑受害者的记忆或感知,最终导致受害者对自己认知能力的信任崩溃,甚至产生自我怀疑、焦虑或抑郁的情绪。

例如:"你真是疯了。""你简直不知道自己在说什么。""你是不是有妄想症啊？"

回应：

（1）"你刚刚贬低了我的情绪，这很不尊重人，我不会允许这样的事再次发生，我们的谈话到此结束吧。"（然后撤离）

（2）"我不会容忍你侮辱我，说我是疯子／蠢货／偏执狂，我们的谈话到此为止吧。"（然后撤离）

（3）"我绝不会再次落入你的操纵陷阱。"（然后撤离）

（4）"你竟然用这么恶劣的态度和我说话。得了，任你有再多美好的品质也挽救不了我们的关系了。"（然后撤离）

（5）"我原本期待的是一次理性的对话，但现在我发现这是不可能的。"（然后撤离）

回应情感勒索类操纵性话语

例如："如果你爱我的话，会愿意为我牺牲的。""我都为你付出那么多了，你都不肯为我做这么一点小事吗？"

回应：

（1）"你竟然是个'情感勒索大师'，我可真是万万没想到哇。不好意思，我可不打算上钩。"（然后撤离）

（2）"你竟然试图对我用情感勒索这一招，这已经能说明你是怎样的一个人了。"（然后撤离）

（3）"在我看来，每个人做一件事，都是因为他想这样做，而不是因为他期望从别人那里得到回报。你倒好，竟然觉得从

我这儿获得回报是理所应当的,这完全就是情感勒索。不好意思,我可不吃这一套。"(然后撤离)

(4)"如果你觉得为我做一件事就意味着你有权随便责备我,那么请什么也别为我做了,我不需要。"(然后撤离)

(5)"我理解的'爱'并不包含受苦这样的事,如果在这一点上我们没办法达成一致的话,那么很抱歉,咱们之间的关系只能到此为止了。"(然后撤离)

回应"不请自来"的意见

例如:"你胖了/瘦了呀。""为什么剪头发呀,长发更适合你。""你应该给你家宝宝制订一个更严格的时间表。"

回应:

(1)"老实说,你刚才那句话不说更好。"

(2)"你的观察很有趣,但我认为,在没人问你意见的时候随意发表意见,实在是不合适。"

(3)"你介意等我问你意见的时候再发表你的高见吗?谢谢。"

(4)"如果我没问你的意见,就说明我不想知道。"

(5)"下次我想知道你的意见时会主动问你的。可是现在嘛,你怎么想的我完全不感兴趣。"

04 其他一些带有讽刺、诙谐或幽默色彩的让别人滚蛋的方式

（1）"你鼻子伸得太长了，都跑到我这儿来了。来来来，还给你。"

（2）"我看你是本末倒置了，管好你自己吧。"

（3）"没能达到你的期望，实在抱歉，不过我的首要任务是满足自己的期望。"

（4）"如果一个人心思单纯，没那么多心眼儿，那他可就危险了，因为总会有人争先恐后地把他当傻瓜。"

（5）"希望你这一天余下的时光都和你本人一样令人愉快。"

（6）"抱歉，你这么成熟、有主见，我都不知道该怎样回应你才合适了。"

（7）"生活中每个人都会时不时地说一些蠢话，这我可以理解，可是有些人偏偏乐意一直这样做。"

（8）"别满嘴跑火车了，多看看自己吧。"

（9）"嘴里塞满东西时最好不要说话，因为那很不雅。头脑空空的人更应该闭嘴，因为不懂装懂更不雅。"

（10）"你说这种话还嫩了点吧。"

（11）"这世上还有很多事情等着你操心呢。比如，你怎么不去门口看看下没下雪呢？"

（12）画一个大圆圈，然后说："看，这是让我感兴趣的事——亚洲蚂蚁的繁殖情况（或任何一件我们能想到的非常荒谬的事情）。旁边这个呢（画一个点），是你的观点。"

亚洲蚂蚁的繁殖情况

总之，叫别人滚蛋的方式五花八门，再列几百页也列不完。有趣的地方在于，我们每个人都可以利用自己的创造力和聪明才智，尽情施展我们的才华，充分发挥语言的魅力，找到既诙谐又精妙还足够怪诞的话语，将"让别人滚蛋"发展成一门艺术，给这门艺术打上我们的标签，使其彰显我们的个人风格。

有好多词语可以为我们所用，让我们创造出独具特色的、新颖的、不重样的话术，以便让对方快点滚蛋。但在所有的方式中，让我们感觉最爽的一种，最能宣泄情绪的一种，毫无疑问，就是清晰、响亮地说出那句最简单的话：

"滚蛋吧您！"

2023 年 2 月

于圣克里斯托瓦尔－德拉斯卡萨斯

墨西哥恰帕斯州